大学生竞赛获奖者创新创业调查研究

——以第 1~10 届全国大学生广告艺术大赛获奖者为例

邱玉琢　乔　均　刘瑞武　著

中国财富出版社有限公司

图书在版编目（CIP）数据

大学生竞赛获奖者创新创业调查研究：以第 1~10 届全国大学生广告艺术大赛获奖者为例／邱玉琢，乔均，刘瑞武著．—北京：中国财富出版社有限公司，2024.1

ISBN 978－7－5047－7496－5

Ⅰ. ①大…　Ⅱ. ①邱…②乔…③刘…　Ⅲ. ①大学生—创业—调查研究—中国　Ⅳ. ①G647.38

中国版本图书馆 CIP 数据核字（2021）第 150361 号

策划编辑	杨白雪	**责任编辑**	张红燕　杨白雪	**版权编辑**	李　洋
责任印制	梁　凡	**责任校对**	孙丽丽	**责任发行**	董　倩

出版发行	中国财富出版社有限公司			
社　　址	北京市丰台区南四环西路 188 号 5 区 20 楼		**邮政编码**	100070
电　　话	010－52227588 转 2098（发行部）		010－52227588 转 321（总编室）	
	010－52227566（24 小时读者服务）		010－52227588 转 305（质检部）	
网　　址	http://www.cfpress.com.cn	**排　版**	宝蕾元	
经　　销	新华书店	**印　刷**	北京九州迅驰传媒文化有限公司	
书　　号	ISBN 978－7－5047－7496－5/G·0804			
开　　本	710mm×1000mm　1/16	**版　次**	2024 年 1 月第 1 版	
印　　张	14.75	**印　次**	2024 年 1 月第 1 次印刷	
字　　数	176 千字	**定　价**	69.80 元	

序

　　乔均教授是我国广告学界知名学者，也是我在中国高等教育学会广告教育专业委员会的同事。《大学生竞赛获奖者创新创业调查研究》是他们团队承担的中国高等教育学会重大课题的研究成果。课题组在第1~10届全国大学生广告艺术大赛获奖者中，对抽样的255位获奖者的创新创业状况进行了统计分析，揭示了赛事活动对高校创新创业教育的作用。如此深刻广泛的调查研究，在教育研究领域并不多见。此项研究对指导高校创新创业教育，完善和提升大学生广告艺术大赛具有现实意义。

　　全国大学生广告艺术大赛（以下简称大广赛）是国家教育部高等教育司举办的第一个文科类大学生竞赛项目，也是教育部认可的全国普通高校大学生竞赛项目之一。自2005年以来，大广赛已经成功举办了十余届。第12届大广赛参赛高校已达到1582所，参赛学生超过112万人次，收到参赛作品超过53万组。从大广赛参赛规模折射出大广赛在强化广告专业教育的实践属性方面发挥了重要作用。选择该赛事作为创新创业研究对象，其结论无疑具有典型价值。大广赛的实践价值主要体现在以下方面。

　　第一，大广赛强化了广告专业教育的实践属性。从星星之火，到今日的繁荣景象，广告专业无论依托于哪个学科，无论是学科导向、专业导向抑或人才培养导向，无论正在经历怎样的知识更新，或者专业结构的重整，有一点是共通的，要办好这个专业，必须密切联系实际，让学生在实践中提高自己的专业能力。应用性是广告专业的底层逻辑，无论过去、现在还是未来，应用性都至关重要。虽然我们反复强调这一点，但许多专业从课程体系，到教学体系，再到教学思想，有意或无意的遮蔽了广告专业的实践属性，最终还是从书本到书本，从理论到理论，从概念到概念，导致学生最终走向市场的时候，更多的是"纸上谈兵""纸上练兵"。大广赛在无形当中不仅强化了广告专业实践的观念，也给出了实践的路径与平台。

　　第二，大广赛诠释了广告实践活动的融合逻辑。我们经常说广告学是一个交叉学科，但到底怎么交叉，或者交叉了哪些内容，往往很难说得清楚。广告学在发展的过程中吸收了传播学、营销学、心理学、社会学、消费行为学、艺术学等多种学科的成果。在广告课程教学，尤其是在现实的创作实践中，我们会有一种强烈的感觉，广告所融合的学科还远不止于此，几乎所有的学科知识都可以在广告实践活动中有所涉及。在传统广告向数字营销转变的今天，大数据、云计算、AI（Artifical Intelligence，人工智能）等技术也往往将广告视为重要的应用领域，广告也在融合数学、物理、神经科学等自然科学领域的诸多知识。广告教学通过大广赛这一稳定的、成熟的、具有相当规模的教学实践平台，真题真做，学生通过深入洞察、科学策划、持续创意、优化表现等近乎实战

的方式得以历练，从中可以真正感受到广告实践的魅力，对广告专业的包容与开放有了更加切身的体会，从而加深理解。

第三，大广赛建构了广告作业的合作模式。传统的教学方式强调教学过程的阶段性，学生在专业学习中所接受的知识是分散的。但是在现实的操作实践，或者是专业知识的应用角度，广告作业活动是一项复杂的工程，每一个环节都必须倾心尽力、规划设计，方可符合广告目标，达成预期效果。具体在广告教学中，则需着重培养和锻炼学生的合作能力。大广赛本身既是企业、广告界、学校三方合作的大融合，也是企业、资深广告人、院校三方意见合作的体现。一个优秀策划案的背后包含了教师课堂内外的指导、企业的专题解读、同学之间的分工合作，还有决赛现场评委和团队之间的交流，只有经历了上述的诸多合作，策划案才会完成蜕变，才会出街。

第四，大广赛深化了广告专业人才培养的产出导向。以学生为中心的产出导向是广告专业人才培养的优选路径。这里所谓的"产出"是指学生的动手能力，聚焦的是人才的培养。大广赛从创办之初即受到广告和其他多个相关专业的广泛欢迎，原因在于其通过赛事，真题真做，强化了专业人才培养中的实战实操环节，让人才培养的产出导向更加明确。每一件优秀作品的背后，体现的是学生的实际策划能力、设计能力、创新能力，这些能力也是广告专业人才培养的重要目标。参赛作品检验的是教师教学水平和学校教学质量。大广赛推动广告专业教学在观念、模式、内容、评价机制等诸多方面，回归到学生的学习成果这一核心目标上。学生通过参加大广赛，对专业理论的理解更加透彻，对广告

作业的规范性、合法性、合规性体会得更加深刻，从根本上促进了广告专业的理论教学。

第五，大广赛验证了企业在人才培养过程中的协同作用。企业参与或涉猎高校广告人才培养过程，并不是新鲜事，但企业往往是以辅助角色出现。学生在教师的指导下，共同面对大广赛的真实企业命题，选题、破题、解题，企业也参与到作品评判中来，整个竞赛与作业链条验证了企业在应用型人才培养过程中的强大作用。在广告人才的培养过程中，企业不再只是传统教学的填补或简单辅助，而是发挥了非常重要的协同作用。在大广赛中，企业与高校、课堂、教师、学生之间的接触较之以往更加紧密。从一开始的命题征集宣传，到企业命题解析线上创意云课堂，再到与抖音合作打造短视频抖音挑战赛、与新疆阿克陶公安、广东东莞消防等跨界合作，以及策划案作品的现场决赛与评选，企业与高校课堂相互浸入，课程学习与项目学习有机结合，行业知识与专业知识相得益彰。

第六，大广赛释放了在校大学生的创新活力。传统课堂教学模式中，教师常常被认为是学生学习的"天花板"，以往的课堂教学结构在聚焦知识传授的同时，忽视了学生想象力和创新力的培养。大广赛在某种程度上意味着打开了以往教学的"天花板"，让在校大学生看到了"蓝天"。大广赛的参赛作品分为平面、视频、广播、动画、互动、策划案、文案、UI（User Interface，用户界面）、营销创客和公益 10 个类别。要完成任何一个主题的广告，对于在校大学生来说都充满了不确定性、模糊性，也充满了挑战性。从最初的选择命题、查阅资料、调研分

析，再到后来的策划、创意和执行，学生通过创作实践来理解如何选择，而选择本身并不简单，也没有标准答案，这就需要他们的决策需要有很强的判断力，如方案的主题往哪个方向走？选用什么样的元素？如何进行创造性的组合？选用什么样的媒体渠道？广告教学在大广赛的助力下，可以把教学的立足点转到指导学生、点拨学生，让学生发挥潜能，敢于实践，增强了学生的判断能力，提升了学生的决策能力，调动了学生的参与热情，开启了学生的创新动力。

在当下全面提高人才培养能力的时代大潮中，大广赛用一种立体的、开放的、非线性的思维摆脱以往的诸多束缚。每一次比赛，我们都可以清晰地看到学生在"实践中学习"和"学习中实践"的双向循环中不断进步。以往边界分明的理论教学与实践教学，在大广赛的创新性、发展性融合下，成为一种理论指导下的实践教学，学生在其中知行合一，止于至善。大广赛在不断贯通专业教育、素质教育和职业教育的同时，也成了专业人才培养的重要动力，一种教育改革的动力，一种学习向善的动力，一种成长向好的动力。

丁俊杰

2021 年 12 月 8 日

于中国传媒大学

目 录
CONTENTS

绪言 ◀ 第1章

推进大众创新是全社会发展的动力之源，也是富民强国之道。2015年中央经济工作会议明确指出，坚持深入实施创新驱动发展战略，推进大众创业、万众创新，依靠改革创新加快新动能成长和传统动能改造升级。大众创业、万众创新是高等学校教学改革的重要内容，积极探索双创教育对培育社会合格人才具有积极意义。

1.1 研究背景

中共十八届五中全会将创新作为五大发展理念之首提出，并指出坚持创新发展，必须把创新摆在国家发展全局的核心位置，让创新在全社会蔚然成风。2015年《政府工作报告》中提出，推动大众创业、万众创新，培育和催生经济社会发展新动力。同年6月，国务院发布了《国务院关于大力推进大众创业万众创新若干政策措施的意见》，进一步指出推进大众创业、万众创新，是培育和催生经济社会发展新动力的必然选择。

在国家"双创"战略（2015）① 中，大学生作为一个特殊群体对于推进该战略意义重大。据人社部统计，"十三五"期间，我国每年需要在城镇安排的就业人数约2500万，其中约1500万是高校毕业生。根据《2019年中国大学生就业报告》② 统计，2018届大学毕业生的就业率为

---

① 《国务院关于大力推进大众创业万众创新若干政策措施的意见》（国发〔2015〕32号）。

② 晋浩天. 解读2019年大学生就业关键词 [J]. 就业与保障，2019（13）：12-13.

91.5%，其中本科毕业生就业率（91.0%）持续缓慢下降；自主创业率（1.8%）较 2014 届（2.0%）略有下降。大学生经过大学教育所养成的创新能力，使创业及创业成功的过程转化为新的创新过程，大学生创业正成为"双创"战略中的重要力量。

近年来国内学者开始广泛关注大学生创新创业研究。张凯亮（2017）① 通过调查发现，从创业主体能力看，目前创业的大学生大多数是优秀毕业生，他们的创业能力处于中等偏上的水平。任泽中（2016）② 认为，从大学生创业企业的市场表现看，其创业企业的规模普遍较小，大多数处于亏损状态。李亚员（2017）③ 认为，大学生创业对促进就业效应较为显著。雷朝滋（2017）④ 从创新创业政策角度进行研究，并对目前的创业政策有较高评价。也有学者认为，目前创新创业政策保障尚不够完善。另外，黄扬杰、吕一军（2018）⑤ 对学校实训进行了比较，认为目前我国高校对创新创业实训教育普遍不够重视。

上述研究涉及面较广，但也存在比较突出的问题，将大学生创新创

---

① 张凯亮．基于工匠精神培育的大学生创新创业能力提升研究［J］．教育理论与实践，2017，37（12）：21-23.

② 任泽中．构建"纵横有道"的大学生创新创业能力培育体系［J］．中国高等教育，2016（12）：60-62.

③ 李亚员．当代大学生创业现状调查及教育引导对策研究［J］．教育研究，2017，38（2）：65-72.

④ 雷朝滋．关于推进高校大学生创新创业工作的思考［J］．中国高等教育，2017（Z2）：57-60.

⑤ 黄扬杰，吕一军．高校创业教育的问题与对策［J］．教育研究，2018，39（8）：81-87.

业教育与实践结合研究的文献较少，将国内大学生竞赛与大学生创新创业对应研究的文献更少。一些学者对大学生创新创业研究的数据大多来自对在校学生的调研，对进入社会已就业大学生的跟踪调研比较少，对参加大学生竞赛的获奖学生跟踪调研的更少。从某种意义上讲，参赛获奖大学生从一定程度上代表了具有创新思维的大学生群体，对这部分学生创业及就业情况跟踪调查，对改进高校创新创业教育意义重大。

1.2 研究目的与意义

大学生创新创业教育不仅关系到大学生就业，还关系到整个国家的经济活力和未来。鼓励大学生创新创业是服务于国家加快转变经济发展方式，建设创新型国家，深入实施人才强国战略的迫切需要；是落实以创业带动就业发展战略，促进青年大学生充分就业的重要途径；是深化高等教育改革，培养创新型人才的重要支撑和有效手段。

1.3 研究的主要内容

本书将国内大学生竞赛与大学生创新创业结合起来，以全国大学生广告艺术大赛为例，跟踪在校期间参加大广赛的获奖学生，调查他们步入社会后在以下方面的表现：①具有一定创新思想的大学生，进入社会就业后的基本表现；②具有一定创新思想的大学生，能否将创新思想与其择（就）业结合起来；③具有一定创新思想的大学生，自主创业的

比例。

基于此，本书将研究的主要内容和观点建立在两个方面：一是如何将创新能力与创业能力结合起来？学校怎样改革教学计划和课程计划，以便大学生在校期间有效培养其创新能力和创业能力；二是社会应该营造怎样的环境，出台怎样的扶持政策，更有利于大学生步入社会后创新创业。

1.4　研究思路与研究方法

本书使用文献综述、统计调查、个案分析、现场访谈等方法，对历届大广赛获奖学生就业后的情况进行跟踪调查。利用大广赛组织网络，对在全国各地就业的大广赛获奖者的就业情况进行调查。从统计学角度讲，大广赛获奖的学生样本较大，对具有创新思维的大学生就业现状有一定的参考意义。

国内外创新创业相
关理论研究综述 ◀ 第2章

创业是学术界密切关注的研究领域，众多学者运用经济学与管理学理论对创业进行了积极的探索，提供了丰富的研究视角和理论解释。党的十九大以来，我国进一步提高了高校创新创业工作的关注力度，这也使各高校积极开展大学生的创新创业课程，但如何才能更好地提高大学生的创新创业能力，也已成为高校在创新创业教育中需要深入思考的问题。本章梳理了国内外创新创业的研究成果。

2.1　创新创业相关理论研究综述

2.1.1　关于创新的理论研究综述

创新一词最早出现在《南史》中，意为创立或创造新的事物。在《周易》中，亦有革故鼎新的说法，意为破除旧的，建立新的内容。而在国际上，经济学家熊彼特（Schumpeter，1912)[①] 认为，创新就是建立一种新的生产函数，有助于推动经济增长，包括引入一种新产品、采用一种新技术、开辟一个新市场、获得一种原材料的新供应来源、实行一种新组织管理方法等。

索洛（Solow，1957)[②] 通过对美国 1909—1949 年私营非农业经济劳

①　SCHUMPETER J A. The theory of economic development［M］. New Brunswick：Transaction Publishers，1982.

②　SOLOW R M. Technical change and the aggregate production function［J］. The Review of Economics and Statistics，1957，39（3）：312-320.

动生产率的实证研究，发现劳动生产率提高的主要贡献来自技术创新，并认为技术创新是经济增长的内生变量和基本因素，当技术创新的资源配置不能满足经济社会发展要求时，政府应当采取金融、税收、法律或政府采购等间接手段进行调控，对创新活动进行干预，以提高技术进步在经济发展中的促进带动作用。戴维斯和诺斯（Davis，North，1971）对技术创新活动的外部环境进行制度分析，认为世界经济的发展是一个制度创新与技术创新不断促进的过程，制度创新决定技术创新，好的制度选择会促进技术创新，不好的制度选择将扼制创新或阻碍创新效率的提高。

管理学家德鲁克（Drucker，1980）① 认为，创新就是有系统地抛弃昨天，有系统地寻求创新机会，是赋予资源以新的创造财富能力的行为。企业家利用创新改变现实，作为开创其他不同企业或服务项目的机遇。弗里曼（Freeman，1987）② 通过对日本和美国等国家的创新活动进行实证分析，提出技术创新是由国家创新系统推动的，国家创新系统是参与和影响创新资源的配置及其利用效率的行为主体、关系网络和运行机制的综合体系，在这个系统中，企业和其他组织等创新主体，通过国家制度的安排及其相互作用，推动知识的创新、引进、扩散和应用，使整个国家的技术创新取得更好绩效。

创新研究代表人物和主要观点，如表 2-1 所示。

---

① DRUCKER P F. Managing in turbulent times ［M］. New York：Harper & Row Publishers，1980.

② 彭靖里，邓艺，李建平. 国内外技术创新理论研究的进展及其发展趋势 ［J］. 科技与经济，2006，19（4）：13-16.

年份	代表人物	主要观点
1912	Schumpeter	创新就是建立一种新的生产函数，包括引入一种新产品、采用一种新技术、开辟一个新市场等
1957	Solow	技术创新是经济增长的内生变量和基本因素
1971	Davis，North	世界经济的发展是一个制度创新与技术创新不断促进的过程，制度创新决定技术创新
1980	Drucker	创新是赋予资源以新的创造财富能力的行为
1987	Freeman	国家创新系统是参与和影响创新资源的配置及其利用效率的行为主体、关系网络和运行机制的综合体系

表 2-1　　　　　　　　　创新研究代表人物和主要观点

综上所述，对于创新的理解可分为狭义和广义两个层次，狭义创新立足于把技术和经济结合起来，创新是一个新思想的产生到产品设计、试制、生产、营销和市场化的系列行动；广义创新将这一概念置于政治、经济、技术、教育等宏观环境下，创新是不同参与者和机构（企业、政府、学校、科研机构等）之间交互作用的网络，任何一个网络节点都可能是创新行为实现的特定空间，因而创新行为可以表现在技术、体制或知识等不同层面。对大学生而言，创新主要指在学校教育引导下，通过教学计划及第二课堂技能训练，运用自身的知识和技能，创造出新的理论并付诸实践。

2.1.2　关于创业的理论研究综述

创业的本义是创立基业。在理论界，创业研究最早可以追溯到1755 年，法国经济学家坎蒂隆（Cantillon，1755）[①] 首次将创业者（en-

---

① MURPHY A E. Richard cantillon：entrepreneur and economist［M］. Oxford：Clarendon Press，1987.

trepreneur）一词引入经济学研究范畴，他认为创业者是指在不确定条件下开拓新事业的人，如果创业者能深刻洞察并准确把握市场机会，则赚取利润，反之则承担风险。其后，创业研究进入蓬勃发展阶段，逐步形成了风险、领导、机会、管理、创新等多个研究学派（高红文、陈清文，2013）。[①]

风险学派的代表人物奈特（Knight，1921）[②] 赋予创业者不确定决策者的角色，认为有更好管理才能（远见力和统治他人的能力）的人具有控制权，而其他人在他们的指挥下工作，创业者具有较强的自信心和风险承担能力。

领导学派从创业者在企业组织中的领导职能来研究创业活动和创业者的行为。法国经济学家萨伊（Say，1800）认为，创业就是把生产要素组合起来，创业者就是生产过程的协调者和领导者。一个成功的创业者必须要有判断力、毅力、广博的知识以及非凡的管理艺术。马歇尔（Marshall，1890）[③] 认为，创业者在企业中担任多重领导职能，如管理协调、中间商、创新者和承担不确定性等，创业者必须对经营事业了如指掌，有预测生产和消费趋势的能力，还要有领导他人、驾驭局势的能力，善于选择自己的助手并信赖他们。

---

① 高红文，陈清文. 国外数据监管研究综述及启示 [J]. 图书馆学研究，2013（10）：2-4，27.

② KNIGHT F H. Risk, uncertainty and profit [M]. Boston：Houghton Mifflin, 1921.

③ 马歇尔. 经济学原理 [M]. 彭逸林，王威辉，商金艳，译. 北京：人民日报出版社，2009.

创新学派的代表人物熊彼特（Schumpeter，1912）① 认为，创业者是能够实现生产要素重新组合的创新者，市场经济的原动力就是创业者的创新，创业者是创新过程的组织者，通过创造性地打破市场均衡，赚取超额利润。创业和发明是不同的概念，创业最终需要创新成果在市场上实现，创业者的职能不在于发明某种东西或创造供企业利用的条件，而是在于有办法促使人们去完成这些事情。

管理学派的代表人物德鲁克（Drucker，1985）② 认为，创业是一种行为，而不是个人性格特征，创业是可以组织，并且是需要组织的系统性工作，甚至是日常管理工作的一部分，他也强调创新在创业中的重要作用，认为只有那些能够创造出一些新的、与众不同的事情，并能创造价值的活动才是创业，创业者要通过管理将创新成果产业化才是真正的创业。

机会学派代表人物胡伯（Huber，1991）③ 认为，应该从存在有利可图的机会和存在有进取心的个人两者结合的角度研究创业。创业机会实际上是一个不断被发现的动态过程，是一种亟待满足的市场需求，并且最终实现该需求的商业活动一定是有利可图的。谢恩和文卡塔拉曼（Shane，Venkataraman，2000）④ 等认为机会是创业研究中的核心问题，

① SCHUMPETER J A. The theory of economic development［M］. New Brunswick：Transaction Publishers，1982.

② 德鲁克. 创新与创业精神［M］. 张炜，译. 上海：上海人民出版社，2002.

③ HUBER G P. Organizational learning：the contributing processes and the literatures［J］. Organization Science，1991，2（1）：88-115.

④ SHANE S，VENKATARAMAN S. The promise of entrepreneurship as a field of research［J］. Academy of Manangement Review，2000，25（1）：217-226.

创业是围绕着机会的识别、开发、利用的一系列过程。

创业研究代表人物和主要观点，如表 2-2 所示。

表 2-2　　　　　　　　　创业研究代表人物和主要观点

年份	代表人物	主要观点
1755	Cantillon	创业者是指在不确定条件下开拓新事业的人，需要把握市场机会并承担风险
1800	Say	创业就是把生产要素组合起来，创业者就是生产过程的协调者和领导者
1890	Marshall	创业者在企业中担任多重领导职能，如管理协调、中间商、创新者和承担不确定性等
1912	Schumpeter	创业者是能够实现生产要素重新组合的创新者，创业最终需要创新成果在市场上实现
1921	Knight	创业者有较好的管理才能、较强的自信心和风险承担能力
1985	Drucker	创业是一种"可以组织，并且是需要组织的系统性工作"，创业者要通过管理将创新成果产业化才是真正的创业
2000	Shane, Venkataraman	创业是围绕着机会的识别、开发、利用的一系列过程

随着创新概念理论研究的深入，有学者对创业的过程进行了分析。早期的创业过程研究侧重于创业过程的构成要素及其相互作用关系。有学者（杨俊，2004）[1] 认为，创业过程实际上就是新的组织的创建过程，这一过程主要由四个要素构成：①个人，即创立新企业的个人；②环境，围绕并影响组织的形势；③组织，即所创立的新企业；④创立

---

① 杨俊. 创业过程研究及其发展动态 [J]. 外国经济与管理，2004（9）：8-12.

过程，个人所采取的创立新企业的行动。创业的过程包括人、机会、环境、风险与报酬等要素，"人"不仅包括创业者自身，还包括提供关键服务和重要资源的外部人士，并强调了机会对创业的重要性。

20 世纪末，理论界对创业过程的研究进行了进一步的完善，蒂蒙斯（Timmons，1999）① 认为，创业过程是创业机会、资源和创业团队之间适当配置的高度动态平衡过程。其中，创业机会是创业过程的核心要素，创业过程实质上是发现与开发创业机会的过程，资源是创业过程的必要支持，是开发机会、谋求收益的基础，创业团队是创业过程中发现与开发机会、整合资源的主体，是新创企业的关键构成要素。

创业者与新企业的紧密互动过程，是将新企业创立、创业流程管理及外部环境之间的协调与平衡等视为创业者在创业过程中的主要活动内容，是创业过程研究的核心问题。

综上所述，创业就是通过发现与把握市场机会，筹集并配置各种资源，将新颖的产品或服务推向市场，承担风险并最终实现市场价值和社会价值的过程，其带有创新、风险和价值创造的属性。

2.1.3 关于创新与创业关系的研究

创新与创业的关系在学术界已被讨论多年。德鲁克（Drucker，2002）② 提出，"企业家从事创新，而创新是展现创业精神的特殊手段。

---

① TIMMONS J A，SPINELLI S. New venture creation：entrepreneurship for the 21st century ［M］. 5th ed. Boston：McGraw-Hill International Edition，1999.

② 德鲁克. 创新与创业精神 ［M］. 张炜，译. 上海：上海人民出版社，2002.

创新活动赋予资源一种新的能力，使它能创造财富"。无论是社会还是经济，公共服务机构还是商业机构，都需要创新和创业精神。创新的最终价值在于将知识、技术和市场机会有机整合起来，通过创业将创新转变为现实生产力，实现财富增长，造福于社会发展。

李时椿、刘冠（2007）[1] 认为，创新是创业的源泉，是创业的本质，要进行创业必须具备创新能力、技术、资金、创业团队、知识和社会关系，其中创新能力是最重要的创业资本，创业者需要具有持续旺盛的创新精神。李宏彬等（2009）[2] 认为，创业过程本质上也是创新的过程，创业过程需要企业家精神，而企业家精神的灵魂正是创新。买忆媛、姚芳（2010）[3] 认为，创业过程就是创业者在市场竞争中不断尝试与探索，需要创业者具备创新思维和创新意识。谷力群（2013）[4] 认为，创新是创业的前提和基础，创新的本质是敢于突破旧的思维和常规，创业是指创立社会、集体、个人的各项事业。孙春玲等（2015）[5] 对 412 名大学本科毕业班学生调查后认为，创新能力、创新自我效能感

① 李时椿，刘冠.关于创业与创新的内涵、比较与集成融合研究［J］.经济管理，2007（16）：76-80.

② 李宏彬，李杏，姚先国，等.企业家的创业与创新精神对中国经济增长的影响［J］.经济研究，2009，44（10）：99-108.

③ 买忆媛，姚芳.创业者先前技术经验对创业企业创新活动的影响［J］.科学学与科学技术管理，2010，31（9）：184-189.

④ 谷力群.论大学生创业精神的培养［D］.沈阳：辽宁大学，2013.

⑤ 孙春玲，张梦晓，赵占博，等.创新能力、创新自我效能感对大学生自主创业行为的影响研究［J］.科学管理研究，2015，33（4）：87-90.

对创业变革性、前瞻性行为具有积极影响作用。程淑华等（2018）[①] 通过对大学生的问卷调查，发掘创新能力与创业动机之间存在内在联系，创新能力很大程度上影响着创业动机的产生。

由此可见，关于创新与创业的关系主要有两种观点：一种观点认为，创新是创业的前提和基础，创新精神、创新能力等会对创业动机、创业能力、创业行为产生重要影响；另一种观点认为，创新与创业本质上是相互渗透与融合的，创业过程本质上也是创新的过程，二者必须有机融合，才能促进经济社会发展。

2.2 创新创业影响因素研究综述

2.2.1 大学生创新能力研究综述

段成芳（2005）[②] 指出，大学生正处于身心、学识不断发展的阶段，在外界环境和自身因素的作用下，他们的创新能力表现在主动性、实践性、协作性、发展性四个方面。主动性表现为主动地学习、参与各项科研创新活动，充分发挥自身主体的积极作用；实践性表现在创新能力是在社会实践中形成和发展起来；协作性表现为由若干人或若干单位共同配合完

①　程淑华，任秋月，韩毅初. 大学生创新能力与创业动机的关系研究 [J]. 职业技术，2018，17（2）：16-18.

②　段成芳. 培养大学生创新能力的教学管理改革——以"挑战杯"为个案的研究 [D]. 长沙：湖南农业大学，2005.

成某一任务；发展性表现在创新能力是一种潜在的综合能力，受多种内外因素的影响，大学生正处于身心不断发展的阶段，其创新能力必然随着个体知识结构、思维方式的进步以及更多深层次的实践活动而不断提升。

伍蓓等（2006）认为，影响大学生创新能力的因素有很多，包括创新学习能力、创新知识能力、创新思维能力、创新技能和创新环境。它们之间环环相扣，相互关联、相互制约、相互作用，缺一不可，只有保证每一个要素的质量才能确保整体创新能力的质量。

创新能力评价指标体系，如表 2-3 所示。

表 2-3　　　　　　　　　　创新能力评价指标体系

一级指标	二级指标
创新学习能力	发现问题能力、信息检索能力、知识更新能力、善于标新立异
创新知识能力	基础知识水平、专业知识水平、交叉知识水平、创新知识水平
创新思维能力	直觉思维能力、逻辑思维能力、批判思维能力、灵感思维能力
创新技能	创新活动成果、课题独特水平、课程设计质量、毕业论文质量
创新环境	大学校园文化、国家相关政策、学校的教学模式

王秀梅（2008）[1] 强调，创新能力离不开智力活动，但创新能力更是一种主动创新的意识、一种积极探索问题的心理取向和精神状态。刘助柏、梁辰（2005）[2] 认为，对于大学生来说，创新能力更多的是指学生在学习过程中所表现出来的探索精神，发现新事物、掌握新方法的强

[1]　王秀梅. 工科高校创新人才培养及评价研究 [D]. 保定：华北电力大学，2008.
[2]　刘助柏，梁辰. 知识创新学 [M]. 北京：机械工业出版社，2005.

烈愿望以及运用已有知识创造性地解决问题的能力。

吉云和白延虎（2018）① 基于戴尔（Dyer）等开发的创新者 DNA 模型进行构造，提出了创新能力会影响潜在企业家的创业倾向，创新能力越高，其创业意愿越强烈。根据创新能力五个维度：联想、发问、观察、实验和创意网络。基准模型的 SEM 结果表明，创新能力通过三种途径直接或间接作用于创业倾向，其中，创业合意性和创业可行性的中介效应占比超过 80%。

综上所述，本文认为创新能力是创新活动得以实现的重要因素，是指人们在学习和继承前人知识、经验的基础上，提出新概念、新思想、新技术、新方法、新设计等独特的见解和完成创造发明的能力，它往往是一种综合能力，以广博的知识为基础，可以直接影响和制约实践活动的进行。

2.2.2　大学生创业能力研究综述

汤普森（Thompson，2004）② 基于个体层面的创业能力研究，把创业能力看作创业者的天赋能力，马恩等（Man, et al., 2008）③ 认为，创业能力是创业者有效、成功地完成工作的特质。鲁尔和欧文（Rule,

---

① 吉云，白延虎．创新能力、不确定性容忍度与创业倾向［J］．科研管理，2018，39（S1）：226-235.

② THOMPSON J L. The facets of the entrepreneur：identifying entrepreneurial potential［J］. Management Decision，2004，42（2）：243-258.

③ MAN T W Y，LAU T，CHAN K F. Home-grown and abroad-bred entrepreneurs in China：a study of the influences of external context on entrepreneurial competencies［J］. Journal of Enterprising Culture，2008，16（2）：113-132.

Irwin，1988)① 基于组织层面的创业能力研究，认为创业能力等同于现存公司内的创造性和创新能力，把创业能力定义为组织识别新想法、新产品和新观念的手段和方法。卡拉等（Karra，et al.，2008)② 把创业能力界定为组织根据识别到的市场机会获取所需资源以开发机会或者建构新市场机会的能力。

国内外学者对创业能力的构成进行了研究。马恩等学者（Man，et al.，2000、2002)③④ 认为，创业能力包括承诺能力、战略能力和组织能力。拉斯马森和尼尔森（Rasmussen，Nielsen，2004)⑤ 将创业能力界定为允许创业者参与多种形式的社交活动，并基于尊重和公平原则来判断其他个人或团体境况的能力，研究主要聚焦于关系能力来源、关系能力分类（如与政府打交道的能力、社会交际能力）和关系能力在创

---

① RULE E G, IRWIN D W. Fostering intrapreneurship: the new competitive edge [J]. Journal of Business Strategy, 1988, 9 (3): 44-47.

② KARRA N, PHILLIPS N, TRACEY P. Building the born global firm: developing entrepreneurial capabilities for international new venture success [J]. Long Range Planning, 2008, 41 (4): 440-458.

③ MAN T W Y, LAU T. Entrepreneurial competencies of SME owner/managers in the Hong Kong services sector: a qualitative analysis [J]. Journal of Enterprising Culture, 2000, 8 (3): 235-254.

④ MAN T W Y, LAU T, CHAN K F. The competitiveness of small and medium enterprises: a conceptualization with focus on entrepreneurial competencies [J]. Journal of Business Venturing, 2002, 17 (2): 123-142.

⑤ RASMUSSEN L B, NIELSEN T. Entrepreneurial capabilities: is entrepreneurship action research in disguise? [J]. AI & Society, 2004, 18 (2): 100-112.

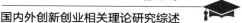

业活动中的作用。穆济琴科（Muzychenko，2008）① 提出，创业能力具体包括性格特质、技能和知识等。扎赫拉等（Zahra，et al.，2011）② 基于机会视角的研究，把创业能力定义为创业者发现、识别、利用机会的能力。拉斯马森等（Rasmussen，et al.，2011）③ 认为，创业能力包括机会识别能力、机会评估能力和机会利用能力。

唐靖和姜彦福（2008）④ 认为，与管理相关的创业能力应包括组织能力、战略能力、关系能力和承诺能力。战略能力和组织能力与国外学者的定义相同，属于组织层面的能力，这些能力的形成和提升都涉及相关企业整个组织的运营；关系能力是指构建人际关系和组织间关系的能力；承诺能力反映创业者为新创企业做出贡献的能力，还反映创业者向其他利益相关者履行承诺的能力。

尹苗苗和蔡莉（2012）⑤ 认为创业能力主要体现在创业者个体和新

① MUZYCHENKO O. Cross－cultural entrepreneurial competence in identifying international business opportunities [J]. European Management Journal, 2008, 26 (6)：366-377.

② ZAHRA S A, ABDELGAWAD S G, TSANG E W K. Emerging multinationals venturing into developed economies：implications for learning, unlearning, and entrepreneurial capability [J]. Journal of Management Inquiry, 2011, 20 (3)：323-330.

③ RASMUSSEN E, MOSEY S, WRIGHT M. The evolution of entrepreneurial competencies：a longitudinal study of university spin-off venture emergence [J]. Journal of Management Studies, 2011, 48 (6)：1314-1345.

④ 唐靖, 姜彦福. 创业能力的概念发展及实证检验 [J]. 经济管理, 2008 (9)：51-55.

⑤ 尹苗苗, 蔡莉. 创业能力研究现状探析与未来展望 [J]. 外国经济与管理, 2012, 34 (12)：1-11, 19.

创企业或创业企业组织两个层面。其中，创业者特质、机会识别能力、创业构想能力和承诺能力属于个体层面的创业能力，主要在新企业创建阶段发挥重要的作用。人格特质、技能、知识可能受到遗传基因、家庭背景、受教育程度、地域因素等影响；机会识别能力、机会评估能力、机会利用能力与个人先前经验、认知、学习风格、创业警觉性有极大的关联性；承诺能力、战略能力、组织能力则与组织特征、外界环境、先前经验、创业学习有关；与政府打交道的能力、社会交际能力等容易受组织特征、外界环境影响。

杨晓慧（2015）[①] 运用探索性因素分析、验证性分析等方法，构建了大学生创业能力结构模型，在此基础上对大学生创业者创业能力进行评估，核心是要回答"大学生创业能力如何"的问题。研究发现：大学生创业能力主要包括创业人格、基本创业能力、核心创业能力和社会适应能力四个维度以及十四个具体构成要素，如表 2-4 所示。大学生创业者认为相对更重要的创业能力是领导能力、机遇把握能力、创新能力、资源整合能力。大学生创业者创业能力状况总体较好。

通过梳理文献可知，学者们主要从个体和组织层面来定义创业能力，对于创业能力的界定基本上都将重点关注于创业活动的主体上，即关注创业者的一种综合的、高水平的个人或者组织特质。本文认为，创业能力是指能够帮助企业进行资源整合并利用商机来获得商品和服务的能力。

---

① 杨晓慧. 中国大学生就业创业发展报告：2013—2014 ［M］. 北京：人民出版社，2015.

表 2-4　　　　　　　　大学生创业能力主要维度与构成要素

主要维度	具体构成要素	题项内容
创业人格	勇气胆识	我是一个勇于冒险的人
		在参加讨论时我敢于坚持自己认为正确的观点
		我是一个不畏艰险的人
	责任担当	我清楚自己在工作中应该肩负的责任
		我敢于承担工作中革新失败后所带来的任何风险
		我勇于承认自己在工作或生活中的错误且知错就改
	踏实执着	我做事脚踏实地
		在学习或工作中如果失败了，我也会继续努力，直至成功为止
		一旦做出承诺，我一定会全力去兑现
		即便困难重重，我依然能够坚持自己的信念，执着行动
	自信乐观	我对大学的生活很满意
		我非常自信
		我性格开朗、乐观向上
基本创业能力	实践能力	我经常参加各种社会实践活动
		我在学校的各种活动中都是一个活跃分子
		我当过学生干部，而且工作出色
	学习能力	我大学期间的专业成绩很好
		我善于有针对性地高效获取与学习、工作相关的信息
		我能很好地解决学习或工作中遇到的难题
	分析能力	我善于发现一个问题的本质所在
		面对一个问题，我常反复思考它的实质所在、努力寻求更有效的解决方式
		我善于发现生活或工作中存在的关键问题

续表

主要维度	具体构成要素	题项内容
核心创业能力	创新能力	我经常会提出一些带有原创性的想法
		我善于富有创造性的思考
		在有很多不确定性因素的情况下，我也能想出好的方法或创意
	机遇把握能力	我能充分地做好准备，把握发展机遇
		我相信自己能抓住每一次发展机会
		一旦我抓到一个机会，我常常能很好地实现它
	资源整合能力	我善于把分散的资源整合起来去实现个人或团队的发展目标
		我有一个能给我的职业发展提供巨大帮助的社会关系网
		我善于带领他人一起攻坚克难
	领导能力	如果让我管理一家公司，我一定能胜任
		如果让我管理一家公司，我相信自己有能力为公司谋求发展之路
		在团队中，我有能力安排合适的人去做合适的工作
社会适应能力	人际交往能力	我乐于助人
		我善于赢得他人对我的信任
		与别人的交流中，我能很好地理解别人所说的话
	团队合作能力	我善于和不同部门或团队中的成员一起合作
		我在团队中能包容他人，乐于同他人一起合作解决难题
		我关注团队的共同发展
	抗压能力	我能够适应较大的工作压力
		压力很大的情况下，我也能努力把事情做好
		我善于根据环境的变化调整自己的目标和思路

2.2.3　大学生创业动机研究综述

奥尔森和博瑟曼（Olson，Bosserman，1984）① 认为，潜在创业者与实际创业者的本质区别在于创业动机。谢恩和文卡塔拉曼（Shane，Venkataraman，2000）② 认为，创业动机是人们的一种意愿，如成就、需求、远景、热情等，该意愿影响着人们进行创新行为的过程。鲍姆和洛克（Baum，Locke，2004）③ 认为，创业动机是创业者在追求成就的过程中，在头脑中形成的一种内部驱动力，有目标导向和自我效能两个衡量指标。

关于创业动机维度的研究，奥蒂奥等（Autio，et al.，1997）④ 将大学生的创业动机分为四种：生存需要、积累需要、就业需要、自我实现。赖特等（Wright，et al.，2001）⑤ 将创业动机分为推动和拉动两种

①　OLSON P D，BOSSERMAN D A. Attributes of the entrepreneurial type［J］. Business Horizons，1984，27（3）：53-56.

②　SHANE S，VENKATARAMAN S. The promise of entrepreneurship as a field of research［J］. Academy of Management Review，2000，25（1）：217-226.

③　BAUM J R，LOCKE E A. The relationship of entrepreneurial traits，skill，and motivation to subsequent venture growth［J］. Journal of Applied Psychology，2004，89（4）：587-598.

④　AUTIO E，KEELEY R H，KLOFSTEN M，et al. Entrepreneurial intent among students of technology：testing an intent model［C］. Babson College-Kaufmann Foundation Entrepreneurship Research Conference，［1997］.

⑤　WRIGHT P M，DUNFORD B B，SNELL S A. Human resources and the resource based view of the frim［J］. Journal of Management，2001，27（6）：701-721.

类型：推动型动机是指由于某些诸如对现有工作不满意或者失业等负面因素，而激发个人的创业潜能，将其推向创业领域；拉动型动机是指由于某些诸如潜在的获利机会等正面因素，而吸引个人参与创业活动。保拉（Paola，1989）[①] 在对 163 位创业者进行问卷调查后，归纳出了七类创业动机：即成就、福利、金钱、地位、自由、榜样和逃避现实。库拉特科等（Kuratko，et al.，1997）[②] 提出了创业动机四因素结构模型：外部报酬、独立自主、内部报酬、家庭保障。其后，罗比肖等（Robichaud，et al.，2001）[③] 在四因素结构模型的基础上进行了修订，增加了接近家庭、退休准备、生活改善等指标。全球创业观察（GEM）项目研究框架中将创业动机分为机会型创业和生存型创业两大类。

韩力争（2005）[④] 通过对大学生的创业动机进行调查，将创业动机划分为十个因素：对创业的兴趣、对金钱和自由的渴望、解决就业、用所学的知识实现自己的理想、挑战自己的能力、充分发挥自己的主观能动性、适应社会的竞争、通过创业丰富自己的人生、为了自己的家人生

---

① PAOLA D. The influence of motivations and environment on business start-ups: some hints for public policies [J]. Journal of Business Venturing, 1989, 4 (1): 11-26.

② KURATKO D F, HORNSBY J S, NAFFZIGER D W. An examination of owner's goals in sustaining entrepreneurship [J]. Journal of Small Business Management, 1997, 35 (1): 24-33.

③ ROBICHAUD Y, EGBERT M, ROGER A. Toward the development of a measuring instrument for entrepreneurial motivation [J]. Journal of Developmental Entrepreneurship, 2001, 6 (2): 189-201.

④ 韩力争. 大学生创业动机水平调查与思考 [J]. 江苏高教, 2005 (2): 103-105.

活得更舒服、最大限度地实现自我价值。

曾照英和王重鸣（2009）[①] 提出了中国情景下创业动机的两因素模型：事业成就型和生存需求型，如图 2-1 所示。其中，事业成就型包括获得成就认可、实现创业想法、扩大圈子影响、成为成功人士、控制自己人生五个维度；生存需求型包括不满薪酬收入、提供经济保障、希望不再失业三个维度。

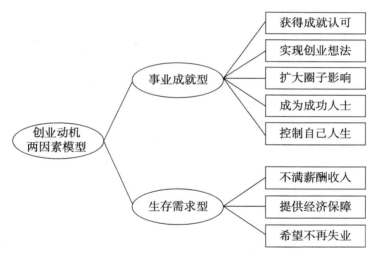

图 2-1　创业动机两因素模型

高日光、孙健敏、周备（2009）[②] 研究发现，当代大学生的创业动机

---

① 曾照英，王重鸣．关于我国创业者创业动机的调查分析 [J]．科技管理研究，2009，29（9）：285-287．

② 高日光，孙健敏，周备．中国大学生创业动机的模型建构与测量研究 [J]．中国人口科学，2009（1）：68-75，112．

由内在的自我实现、追名求富以及外在的社会支持、家庭影响四个内容维度和十六种典型行为描述构成（见表2-5）。

表 2-5　　　　　　大学生创业动机的内容维度及典型行为描述

类型	内在		外在	
内容维度	自我实现	追名求富	社会支持	家庭影响
典型行为	（1）实现自身的价值； （2）证明自己的才华； （3）提升自己的素质； （4）发挥自己的专长	（1）为了提高社会地位； （2）获得权力和地位； （3）崇拜创业偶像； （4）为了发财致富	（1）学校创业氛围浓厚； （2）学校提供基金和条件； （3）国家提供优惠政策； （4）当地政府积极扶植	（1）亲戚朋友鼓励创业； （2）亲戚朋友拉你入股； （3）亲戚朋友创业影响； （4）家庭提供创业帮助

张凯竣和雷家骕（2012）[①] 通过对我国 17 所高校学生的问卷调查，总结了大学生创业动机的三个维度：精神动机、名利动机和责任动机。其中，精神动机包括检验个人想法、挑战自我、获得成就感等；名利动机包括解决就业、提升社会地位、获得社会认可、实现个人独立、积累财富等；责任动机包括创业促进国家经济发展、贡献社会进步等。

由此可见，创业动机是驱使创业者走向创业，并影响其创业行为和

[①] 张凯竣，雷家骕. 基于成就目标理论的大学生创业动机研究 [J]. 科学学研究，2012，30（8）：1221-1227，1280.

绩效的重要因素。影响创业动机的因素则来源于生存、就业、自我实现等方面。

2.2.4 大学生创业机会研究综述

熊彼特（Schumpeter，1942）① 认为，创业机会是通过把资源创造性地结合起来，满足市场的需求，创造价值的一种可能性。柯兹纳（Kirzner，1997）② 认为，创业机会是为明确的市场需求或未充分使用的资源或能力。卡森（Cason，1992）③ 认为，创业机会是那些新产品、新服务、新市场和新的管理方式能够被应用并能以高于成本价出售的情况。赫尔伯特（Hulbert，1997）④ 认为，创业机会实际上是一个不断被发现的动态过程，是一种亟待满足的市场需求，并最终实现该需求的商业活动相当有利可图。

维斯珀（Vesper，1990）⑤ 将创业机会来源分为七类：从意外邀请中获得；从前职场中获得；从管理中获得；从自我雇用中获得；从兴趣

---

① SCHUMPETER J A. Capitalism, socialism and democracy ［M］. New York and London：Harper & Brothers Publishers，1942.

② KIRZNER I M. Entrepreneurial discovery and the competitive market process：an Austrian approach ［J］. Journal of Economic Literature，1997，35（1）：60-85.

③ CASON T N. Call market efficiency with simple adaptive learning ［J］. Economics Letters，1992，40（1）：27-32.

④ HULBERT S H. Structure and evolution of the rp1 complex conferring rust resistance in maize ［J］. Annual Review of Phytopathology，1997，35：293-310.

⑤ VESPER K H. New venture strategies ［M］. Englewood Cliffs，NJ：Prentice Hall，c 1990.

中获得；从社会人际关系中获得；从单纯的对行人的观察中获得。库伯等（Cooper, et al, 1989）[①] 对美国独立教育顾问协会的会员进行了调研，从以前的工作中获得创业机会的占 43%，从兴趣或个人关心中获得的占 18%，从别人的提案中获得的占 8%。希尔斯等（Hills, et al., 1997）认为，创业机会来源于三个因素：自发识别机会、社会网络获得机会和非正式获得机会。柯兹纳（Kirzner, 1997）[②] 认为创业机会发现的途径处于两种状态之间：一是通过纯粹的偶然机会获得新信息，从而意外收获；二是通过系统的、有目的搜寻来发现市场中所隐含的内在信息。蒂蒙斯等（Timmons, et al., 1999）[③] 认为，创业机会的特征是具有吸引力、持久性和适时性，并且可以为购买者或者使用者创造或增加使用价值的产品或服务。创业机会主要来自改变、混乱或是不连续的状况，主要有七个来源：法规的变化；技术的快速变革；价值链重组；技术创新；现有管理者或投资者管理不善；战略性企业家；市场领导者短视，忽视下一波客户需求。

刘常勇（2002）[④] 认为创业机会来源有四个方面：一是现有产品和服务的设计改良；二是追随新趋势潮流，如电子商务与互联网；三是时

---

① COOPER A C，WOO C Y，DUNKELBERG W C. Entrepreneurship and the initial size of firms ［J］. Journal of Business Venturing，1989，4（5）：317-332.

② KIRZNER I M. Entrepreneurial discovery and the competitive market process：an Austrian approach ［J］. Journal of Economic Literature，1997，35（1）：60-85.

③ TIMMONS J A，SPINELLI S. New venture creation：entrepreneurship for the 21st century ［M］. 5th ed. Boston：McGraw-Hill International Edition，1999.

④ 刘常勇. 创业管理的 12 堂课 ［M］. 北京：中信出版社，2002.

机合适；四是通过系统研究来发现机会。陈震红、董俊武（2005）① 将创业机会的来源分为以下三类：技术机会，即技术变化带来的创业机会，主要源自新的科技突破和社会的科技进步；市场机会，即市场变化产生的创业机会；政策机会，即政府政策变化所赐予创业者的商业机会。

创业机会是贯穿于创业过程的核心线索，本节主要对创业机会的来源进行了整理。许多学者也对创业机会评价进行了研究，以评定是否值得进行创业，如蒂蒙斯（Timmons，1999）构建了一个创业机会评价框架，涉及行业与市场、经济因素、收获条件、竞争优势、管理团队、是否存在致命缺陷、企业家个人标准以及战略性差异八个方面的五十三项指标。通过定性或量化的方式，来对创业机会进行评估。

2.2.5　大学生创业资源研究综述

创业资源是创业活动开展的前提条件和基础。从经济学角度而言，资源被视为在生产经营过程中为了创造新价值、获取利润而投入的一切要素。从管理学角度而言，资源是创业主体在为社会提供产品或服务的过程中，自身拥有的或者能够支配的从而能够实现各种战略目标的各种要素的有机结合。学者们根据各自对创业资源内涵的认识，对创业资源的定义如表2-6所示。

---

① 陈震红，董俊武 . 创业机会的识别过程研究 ［J］. 科技管理研究，2005（2）：133-136.

表 2-6　　　　　对创业资源内涵的认识研究代表人物和主要观点

学者（年份）	主要观点
Cave（1980）	所有投入企业创业过程当中的为了实现创业目标的有形资源和无形资源的总和
Wernerfelt（1984）①	在整个创业过程中所投入的各种有形资源和无形资源的总和
Barney（1991）②	企业为了实现其目标，在为社会提供商品和服务的过程中自身拥有的或者能够支配的因素和各种因素的组合
Amit，Schoemark（1993）	企业拥有或控制的，能够与其他企业资产协同使用，可以转换成最终产品或服务的要素存量
Dollinger（2003）	创业企业在创业活动中投入的各种要素及其组合
顾桥（2003）③	在整个创新过程中，创业组织掌控和投入的企业内外部所有无形和有形资源的加总
林嵩（2007）④	创业企业创立以及成长过程中所需要的各种生产要素以及支撑条件
Grande，Madsen，Borch（2011）⑤	企业在创业过程中先后投入与运用的所有物质、能量与信息，能够为创业者发现创业机会并制定企业战略的基础，同时为企业带来价值并增强企业的综合竞争力

---

① WERNERFELT B. A resource-based view of the firm ［J］. Strategic Management Journal，1984，5（2）：171-180.

② BARNEY J. Firm resources and sustained competitive advantage ［J］. Journal of Management，1991，17（1）：99-120.

③ 顾桥. 中小企业创业资源的理论研究 ［D］. 武汉：武汉理工大学，2003.

④ 林嵩. 创业资源的获取与整合——创业过程的一个解读视角 ［J］. 经济问题探索，2007（6）：166-169.

⑤ GRANDE J，MADSEN E L，BORCH O J. The relationship between resources，entrepreneurial orientation and performance in farm-based ventures ［J］. Entrepreneurship & Regional Development，2011，23（3-4）：89-111.

续表

学者（年份）	主要观点
余绍忠（2012）①	企业拥有、控制或整合的各种有形、无形的要素与要素组合
李硕（2014）②	企业能够利用和控制，并能主动进行整合的要素及其组合
郭霜飞（2014）③	新创企业发展过程中为实现创业目标所利用的资源总和，包括人力、财力、物力等投入，也包括品牌、专利、声誉等无形资产的投入
刘冰欣（2017）④	新创企业在筹建、创立和发展过程中，为了实现创业目标，所拥有、控制并能够整合的一切有形和无形的资源

布森尼兹等（Busenitz, et al., 1997）⑤ 认为对于创业企业来说，在初期拥有的组织资源往往比较薄弱，而人才资源是创业初期的关键资源，创业者及其团队的能力、经验、知识、洞察力和社会关系都决定着创业企业在创业时期能否成功。创业企业在创业初期，专业知识和技能通常是创业者等少数人所掌握的，因此，技能资源和人才资源二者是密

① 余绍忠. 创业资源、创业战略与创业绩效关系研究——基于不同环境及组织结构的调节机制［D］. 杭州：浙江大学，2012.

② 李硕. 基于战略视角的创业资源与创业绩效关系研究［D］. 长春：吉林大学，2014.

③ 郭霜飞. 制度环境、创业资源对国际创业绩效的影响研究［D］. 长春：吉林大学，2014.

④ 刘冰欣. 创业资源、创业机会开发与新创企业成长关系研究［D］. 宁波：宁波大学，2017.

⑤ BUSENITZ L W, BARNEY J B. Differences between entrepreneurs and managers in large organizations: biases and heuristics in strategic decision-making［J］. Journal of Business Venturing, 1997, 12（1）: 9-30.

不可分的。布森尼兹将这些创业资源重组后提出，创业资源分为三大类：一是技术和人力资源，包括创业者及其团队具备的经验知识、专业技术、能力和社会关系等；二是财务资源，即创业企业当中以货币形式存在的资源；三是生产经营性资源，即原材料、厂房、设备等。

霍尔（Hall，1992）[①]认为，创业资源分为有形资源和无形资源。为了对无形资源的内容和维度进行研究，他对美国 847 位 CEO 进行了调查，认为无形资源是"不依赖于人的资产"与"依赖于人的技能"。其中资产包括合同；许可证；智力资产；商业秘密在内的、与法律相关的资产和声誉；网络资料库等法律之外的资产，能力包含以员工技能、供应商技能、分销商技能为代表的技能和以质量感知、变革管理能力、服务感知为代表的组织文化两方面。多林格（Dollinger，1995）[②] 把创业资源分为财务资源、物质资源、人力资源、组织资源、技术资源和声誉资源，并将社会资源作为人力资源的一部分加以研究。布拉施等（Brush，et al.，2001）[③] 将创业资源分为财务资源、实体资源、人力资源、组织资源、技术资源以及社会资源。

---

① HALL R. The strategic analysis of intangible resources ［J］. Strategic Management Journal，1992，13（2）：135-144.

② DOLLINGER M J. Entrepreneurship：strategies and resources ［M］. Boston：Irwin，1995.

③ BRUSH C G，GREENE P G，HART M M，et al. From initial idea to unique advantage：the entrepreneurial challenge of constructing a resource base ［J］. Academy of Management Executive，2001，15（1）：64-78.

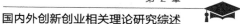

威尔森等（Wilson，et al.，2002）① 认为，创业资源包括内部资源和外部资源两个维度。外部资源主要来源于两部分，一部分是社会和垂直网络，主要是指家庭关系、朋友圈、供应商、客户；另一部分是水平网络，即企业的竞争者和伙伴。但是在创业资源内容的量表上，内部资源和外部资源没有区别，都包括财务资源（包括现金、股票等）、物质资源（包括厂房、设备、地理位置等）、人力资源（包括有经验，通过培训的创业者、管理者和员工）、组织资源（包括企业架构、信息产生机制、决策、计划体系等）、技术资源（包括实验室、研发设备、专利、许可证明以及商标等）、名誉资源（包括社会或者周围环境对企业的感知，如商标忠诚度等）。

纽伯特等（Newbert，et al.，2007）② 提出，创业资源是企业在创业期间能拥有或者所能控制的资产，并将其分为五个维度：①财务资源，主要表现为可支配现金和创业收入等；②物质资源，包括地理位置、生产设备、厂房、特殊物资等；③人才资源，主要是指经过培训、有经验、技术以及一定社会关系的高素质员工和创业者等；④知识资源，主要是指电利发明、商标、商业机密等；⑤组织资源，包括与其他企业之间的关系，如联盟企业、供应商、银行、客户等。

---

① WILSON H I M, APPIAH-KUBI K. Resource leveraging via networks by high-technology entrepreneurial firms ［J］. The Journal of High Technology Management Research，2002，13（1）：45-62.

② NEWBERT S L, GOPALAKRISHNAN S, KIRCHHOFF B A. Looking beyond resources：exploring the importance of entrepreneurship to firm-level competitive advantage in technologically intensive industries ［J］. Technovation，2008，28（1-2）：6-19.

　　林嵩等（2005）① 基于创业资源对企业成长的作用将资源分为要素资源和环境资源。其中，要素资源包括财务资源、场地资源、技术资源、人力资源、管理资源，该类型资源直接参与企业的生产管理活动；环境资源包括信息资源、文化资源、政策资源和品牌资源。林嵩（2007）② 又进一步指出，创业所需要的资源需要依赖创业者通过自身努力获取，但随着新创企业的高速成长，外部机构给予的资源也是相当必要的，根据要素对创业战略的参与程度，将创业资源分为间接资源（信息、政策、科技资源）和直接资源（人才、资金和管理资源），并通过验证性实证因子分析得出，最重要的间接资源是企业所获取的科技资源，最重要的直接资源是企业所获取的管理资源。

　　蔡莉、柳青（2007）③ 将创业资源分为五类，分别是市场、资金、人力、管理和科技资源。姚梅芳等（2008）④ 在蒂蒙斯（Timmons）的研究基础上进一步提出，核心资源包括人力、管理和技术资源；基础资源包括资金及场地资源；其他资源包括政策、文化、品牌、信息等资

　　① 林嵩，张帏，林强. 高科技创业企业资源整合模式研究 [J]. 科学学与科学技术管理，2005（3）：143-147.

　　② 林嵩. 创业资源的获取与整合——创业过程的一个解读视角 [J]. 经济问题探索，2007（6）：166-169.

　　③ 蔡莉，柳青. 新创企业资源整合过程模型 [J]. 科学学与科学技术管理，2007（2）：95-102.

　　④ 姚梅芳，黄金睿，张旭阳. 基于关键创业要素的生存型创业绩效评价研究 [J]. 管理现代化，2008（4）：16-18.

源。胡文静（2011）[①] 根据中国中小企业的发展环境，将创业资源分为社会资源、信息资源、资金资源、人力资源、管理资源和技术资源。余绍忠（2012）[②] 根据创业资源的可获得性，把创业资源分为直接资源（包括人才、资金、管理、技术等）和间接资源（包括信息、关系、政策等）。赵文红、李秀梅（2014）[③] 基于资源的作用对创业资源进行分类：战略性资源和运营性资源，其中战略性资源对企业的生存和发展具有关键作用。

彭学兵、陈璐露和刘玥伶（2016）[④] 提出了创业资源整合、组织协调与新创企业绩效关系的假设模型，并通过 223 份新创企业问卷数据的实证分析检验假设模型。研究结果表明，创业资源对新创企业绩效具有显著正向影响作用。其中，创业资源指新创企业在向社会提供产品或者服务的过程中，所拥有或者所支配的能够实现公司战略目标的各种要素以及要素组合，包含财务、人力、智力、组织、关键信息等各项资源。

刘冰欣（2017）[⑤] 通过研究认为，创业资源的六个维度——资金资

---

① 胡文静．我国中小企业成长动态分析——基于创业资源获取与整合视角 [J]．现代商贸工业，2011，23（7）：5-6.

② 余绍忠．创业资源、创业战略与创业绩效关系研究——基于不同环境及组织结构的调节机制 [D]．杭州：浙江大学，2012.

③ 赵文红，李秀梅．资源获取、资源管理对创业绩效的影响研究 [J]．管理学报，2014，11（10）：1477-1483.

④ 彭学兵，陈璐露，刘玥伶．创业资源整合、组织协调与新创企业绩效的关系 [J]．科研管理，2016，37（1）：110-118.

⑤ 刘冰欣．创业资源、创业机会开发与新创企业成长关系研究 [D]．宁波：宁波大学，2017.

源、人力资源、管理资源、信息资源、技术资源和政策资源对新创企业成长有正向影响。当新创企业拥有较为丰富的创业资源时，就具备了顺利开展创业活动的条件，企业的成长和发展也就更容易实现。在六个维度资源中，人力资源的影响最为显著；资金资源、信息资源次之；然后依次是技术资源、管理资源、政策资源。创业资源可以影响创业机会开发，还可以通过机会开发的中介作用间接影响新创企业成长。

任泽中、左广艮（2017）[①] 提出，大学生作为创业活动的主体，与社会上一般创业者相比，具备拥有更多创业资源的可能，如政府资源、高校资源、企业资源与其他社会各界的资源。但在大学生创业资源协同的过程中存在诸多问题，如政校企各自为政导致覆盖缺失，一拥而上导致重复建设，盲目协调导致效率低下。只有充分研究创业资源协同的内生动力，积极探索大学生创业资源协同的典型模式，形成政校企互动共生的协同机制，才能更好推动大学生的创业发展。王浩宇（2017）[②] 将创业资源划分为知识性资源和资产性资源，其中，知识性资源包括技术、经验、信息等相关资源，资产性资源即创业所需资金、物资、人力资源等。

胡吉良、陈慧群和刘丁慧（2018）[③] 提出，以创新创业资源整合为

① 任泽中，左广艮. 大学生创业资源协同模式研究［J］. 高校教育管理，2017，11（2）：49-56.

② 王浩宇. 资源整合、创业学习与新创企业创新的关系研究［D］. 长春：吉林大学，2017.

③ 胡吉良，陈慧群，刘丁慧. 新常态下大学生创新创业资源整合问题研究——以企业资源基础理论为分析视角［J］. 卫生职业教育，2018，36（3）：10-12.

出发点，充分发挥学校相关部门在科技研发、创新创业大赛、创新创业孵化方面的三大资源优势，构建以资源互补共享、项目跟踪迭代培育、市场化运营对接为特色的高校创客空间协同管理模式。其中，整合地方政府、企业、学校等各方资源，发挥共青团员作为社会各方资源和信息的桥梁纽带作用，发挥学校资源的杠杆作用，争取社会资源支持，把创业园、企业孵化器、创客空间、创新创业大赛等打造成高校与企业、政府良性互动的平台。

综上所述，国内外学者从不同的角度对创业资源进行了划分，并在此基础上进行了研究。笔者认为，创业资源是创业过程中能够帮助创业企业实现目标的所有资源的总和。创业资源的维度划分，迄今为止，学术界并没有达成一致的意见。鉴于此，本研究根据已有研究，将创业资源维度及构成整理如表 2-7 所示。

表 2-7　　　　　　　　　　　　创业资源维度及构成

维度	内涵	构成
资金资源	企业通过各种渠道获得，能够帮助实施创业计划的货币资源	在创业初期拥有的自由资源较为充足。 拥有较为充裕的流动资金可以灵活支配。 拥有较为多样化的资金筹措渠道与来源
人力资源	创业者及其团队、企业员工等	吸纳了与岗位要求相符合的高素质综合性人才。 培养了拥有集体企业家精神与团队协作精神的创业队伍。 比较容易从外部聘用各种高素质的全职与兼职人员

续表

维度	内涵	构成
管理资源	制度化建设、管理理念以及企业自我诊断、营销策划的能力等	创业者拥有一些创业经历和管理经验。 建立了较为完善的管理系统。 较容易从外部获取各种管理资源与策划服务
技术资源	企业所能获得的与企业产品相关的科技成果以及进行产品开发的专业科研平台，含专有技术、专利技术等	拥有技术项目、科技成果甚至三大类专利。 较容易获取外部科技成果以及科技帮助。 构建了科技成果转化平台，可实现科技成果商业化
信息资源	与创业相关的信息以及能够作为决策与管理支持的数据网络系统	较容易从外部获取各种管理资源与策划服务。 较容易获得与产品相关的技术信息。 拥有研发、采购、制造、营销及服务的信息
政策资源	为鼓励并推进创业活动而颁布的系列政策，如税收优惠、设立创业园区、制定创业教育培训制度等	创办时得到政府投融资、财税等政策优惠与倾斜。 创建时，政府已制定较实用的创业培训与辅导政策。 创办期间，政府已经出台较为优越的创业人才引进政策。 创办时或期间，学校提供场地、企业注册及税务培训等

2.2.6　大学生创新创业教育研究综述

1. 创新教育综述

创新教育具有人格心灵的"唤醒"使命。大部分学者（高晓杰，曹胜利，2007)① 认为，创新教育是为了更好地培养受教育者的创新意识、创新思想、创新技能、创新素质，并以其成为一个创新人才为最终目标的一种教育活动；它与传统的守成教育相比，是一种新的教育思想和教育理念，是与时偕行、开拓创新的一种教育活动。目前，创新教育界定尚未能统一，关于创新教育的定义有百种以上。

国际上将创新教育大致分狭义和广义两类。狭义的创新教育定义为，以具备创新精神、理念、素养、人格和创造能力的创新人才为多层面培养目标的教育活动。广义的创新教育定义为，以培养受教育者的创新素养、提升受教育者的创新潜能为最终宗旨，而有别于传统教育、填鸭式教育等形式，可使受教育者能够进行创新而开展的一种新型教育活动。

对创新教育内涵展开讨论的同时，既要思量创新教育发展的历程及现已成形的特点规律，更应探究创新教育未来的拓展和演化趋势。对于高等学校来说，创新教育就是培养受教育者再次觉察的探求和摸索能力、重组已有知识的综合能力、运用现有知识解决存在问题的实践能力，以及激励受教育者的创造潜能等一系列相关的教育活动。凡是以培养受教育者的创新素质、提升受教育者的创新技能为关键目标的皆可统称为创新教育。

2. 创业教育综述

创业教育大体上可分成狭义和广义两类。狭义的创业教育是指培养创业者从单纯的求职者转变为岗位创造者过程中，所需要进行的意识、

---

① 高晓杰，曹胜利 . 创新创业教育——培养新时代事业的开拓者——中国高等教育学会创新创业教育研讨会综述［J］. 中国高教研究，2007（7）：91-93.

知识、能力、精神及相应实践活动的教育（曹胜利，高晓杰，2007），①
主要包含"求职"和"创造新的就业岗位"两方面的内容。广义的创
业教育是指"培养具有开创个性的人才，这一群体不仅要具备首创思
维、创业能力、冒险精神、事业进取心等相关素质，而且要有独立工作
能力、相关技术、社会交往和相应管理技能的教育活动"（牛长松，菅
峰，2007）。② 广义的创业教育在于为受教育者灵活、持续和终身的学习打
下基础。狭义的创业教育则与增收培训的概念紧密结合在一起，增收培训
是为目标人口，特别是那些贫困人口提供急需的技能、技巧和资源，使他
们能够自食其力。

1989 年，联合国教科文组织在北京召开的"面向 21 世纪教育国际研
讨会"提出事业心和开拓技能教育的概念，后被译成"创业教育"，也称
"第三本教育护照"。美国学者柯林·博尔提出每个人都应该掌握三本"教
育护照"，第一本是能从事学术研究的学术性护照；第二本是具备创业能力
的创业性护照；第三本是能胜任具体职业岗位的职业性护照。这种趋势要
求现在的高等学校将创业教育的目标提升一个新的层次，将其与学术研究
和职业教育置于同等地位。在高等教育领域内，创业教育是将素质教育与
创业素质相融合，培养学生心理意识、个性品质、专业知识、创业技能，
并具有独特功能和体系的系统性教育活动。从本质上说，创业教育通过对

---

① 曹胜利，高晓杰. 创新创业教育培养新时代事业的开拓者——中国高等教育学
会创新创业教育研讨会纪要 [J]. 中国青年科技，2007（6）：51-56.

② 牛长松，菅峰. 创业教育的兴起、内涵及其特征 [J]. 高等农业教育，2007
（1）：25-29.

受教育者的创业理念、思维、精神、素养和创业行为等进行培养，使受教育者能够形成初期的创业管理技能，它不仅灌输创业知识，培养操作能力，更重视学生进入职场是否能更好地适应社会，提高个人生活质量。

由此可见，创业教育是实施素质教育的重要内容，是素质教育的具体化。在高等学校进行创业教育是我国现阶段高等教育的基本目标之一，同时是为提高学生自身能力、了解对创业过程中的需求，掌握自我创业的方法和途径，从而拓宽学生就业门路、适应经济社会发展需求、构建国家创新体系的长远大计。

3. 创新创业教育的关系综述

叶平（1999）[①] 认为，创新教育重视对人的发展的总体把握，是以培养受教育者的创新素养、提升受教育者的创新潜能为宗旨，区别于以往守旧式教育的被动吸收或一成不变的教学模式，将创新的鲜活动力融入于教育活动；创业教育则重视对人的价值的具体体现，是指以培养学生的创业意识、精神、素质为宗旨，使其形成创业初步管理技能的教育活动，以此满足社会生存需求、促进经济社会的全面发展。创业教育的有限性决定创新教育迟早都要回归到教育制度总体设计上。创业教育所承担的创新教育内容，在范围上应以不影响创业教育自身的专业化进程为界。林文伟（2011）[②]认为，创新与创业教育是两个不可分离的教育理念，两者的价值取向是一致的，均是对受教育者创新精神与实践能力的培养，尽管两者提出问题的时间先后与角度不同，但已成为历史性的

---

① 叶平 . "创新教育"解析［J］. 教育研究，1999（12）：3-8.

② 林文伟 . 大学创业教育价值研究［D］. 上海：华东师范大学，2011.

课题在新时代被提出，都是我国大力推动实施素质教育的核心内容。其被视为一种新的教育思潮，创新教育与创业教育应该是一个统一的系统。

创业教育与创新教育目标取向一致、内容本质相通、功能作用相同，它们之间互为依存又互为制约，具有息息相关的辩证统一关系。创新教育以创业教育为最终目标，创业教育以创新教育为本质与核心，创新教育是素质教育的重点，其目标是培养具有创新意识和精神，成为创新型人才，来适应国家经济发展。创业教育是全面推进素质教育的重要突破口和实施的关键，使受教育者的创新理念、创造思维、开拓精神、学习品质、专业能力等方面贯穿于教育实践的不同方位，真正实现教育活动走向具有灵魂的素质教育。因此，创新与创业教育是素质教育的高质地、高层次、高呈现的一种活动过程。

4. 创新创业教育内涵研究综述

在西方文化中，创业教育的内涵是一个不断演化的过程。在我国，大部分高校一直偏向围绕着创业技能培养、创业实践活动开展实施创业教育。可见，对高校创新创业教育的研究，就是在当下经济发展方式转变、急需创新型人才投身创业活动的特殊阶段，对以创新意识、精神、能力培养为目的的创业教育的不断探索与研究，使之更符合世界高等教育改革的发展趋势，将创新理念渗透、融入创业教育中。从受教育的行为主体，从生存发展的命题，从知行统一观的角度着眼，将创新创业教育作为一个完整的范畴研究分析，在理论上是成立的（曹胜利，雷家

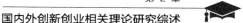

骒，2009)。① 两者都强调创造性提出问题、分析问题和解决问题，内在都蕴含开创精神，其共同目标与追求都是培养创新创业型人才（张澍军，王占仁，2013)。② 因此，创新创业教育作为一个概念被提出是合理的。创新创业教育是指，以培养受教育者的创新精神、创业意识与能力为基本价值取向的教育理念与教育模式，旨在培养更多的有创新精神和能力的优秀创业者，使他们投入创业活动中。

创新创业教育核心目标不仅是培养学生企业家，更是培养学生开创性精神和能力素质，最终成为富有开创性的个人。创新创业教育在重视挖掘和提升学生的基本素质、创造性思维、预见能力、创新精神、风险意识、辨别机遇能力的同时，更重视不断提高与之相伴的其他素质和实践训练能力（彭钢，1995)。③ 特别强调，为使学生能够在教育实践活动中独自发现问题和解决问题，并在其中提出自己的新观点、新构思和创造有价值的东西，就要在教学过程中加强自我创业意识的培养及创新操作能力的展示，进而让学生成长为具有较高素质的社会主义现代化建设者。在创新设计、创业发展中，依赖单纯的传统理论教学早已不能实现，必须着重加强创新和创业做引导，借助长期积累的实践经验，以策动和敞开式为教学模式和理念，促进学生转变过去的被动适应，成为自

① 曹胜利，雷家骒. 中国大学创新创业教育发展报告 [M]. 沈阳：万卷出版公司，2009.

② 张澍军，王占仁. 作为理念和模式的创新创业教育 [N]. 光明日报，2013-03-14 (11).

③ 彭钢. 创业教育学 [M]. 南京：江苏教育出版社，1995.

主创新的探求者。本文对创新创业教育的主要模式和教育体系做了整理，如表 2-8、表 2-9 所示。

表 2-8　　　　　　　　　　创新创业教育主要模式

划分标准	主要模式
以创新创业教育的内容区分	课内培养模式、课外培养模式、校外培养模式、网络培养模式
	意识教育模式、素质教育模式和能力教育模式
	科研项目孵化模式、政产学研合作模式、专业实践模式和综合模式
	以教学部门为主体、以学生管理部门为主体、各部门分工介入和协调参与、以大学的创新创业教育学院为主体
以创新创业教育的对象区分	磁石模式、辐射模式
	精英型教育模式、普及型教育模式
以创新创业教育的教学目标区分	知识导向型教育模式、能力导向型教育模式

表 2-9　　　　　　　　　　创新创业教育体系

研究维度	内容
人才培养方案	融入创新创业教育理念，构建人才成长模型，从知识系统、经验系统、意识系统角度出发； "专业式"与"广谱式"双轨并进、"问题导向"与"学科导向"兼顾； 以跨界、产教融合、创业就业三轮联动
教学方法	案例教学和实践教学并重，理论知识讲授、举办专业讲座、素质拓展训练、创业团队辅导
平台建设	"互联网+"、"云平台"、网络化项目服务平台等
高校双创系统	建立健全创新创业基础培训机制、完善创业人才"以老带新"制度、举办各类创业竞赛活动、加强校企合作

2.3　创新创业绩效评估研究综述

自国家开展大学生创新创业计划以来，"十四五"期间，国家开支大学生创新创业计划立项项目数量逐年增加。2022 年达到 41982 项，其中创新训练占总体的 84.1%，创业训练占 12.3%，而创业实践的只占 3.6%。① 如何评价大学生创新创业的绩效，评估资金使用效率，受到学者的广泛关注。很多学者将定性与定量研究相结合构建模型，探讨大学生创新创业的绩效。

2.3.1　创新绩效评估综述

杨亚丽、杨剑（2017）②建立了创新绩效指标两个维度：第一，将顾客维度分为科研成果数量和质量、技术专利数量和质量、技术应用和推广程度以及促进产业技术进步四个指标；第二，将学习与成长维度分为创新能力、实践能力以及专业技能水平三个指标。然后，利用平衡计分卡建立一套科学合理的评价指标体系，并运用层次分析法建立各项指标的相应权重，以此来考察创新发展绩效指标。

---

① 教育部高等教育司：《教育部高等教育司关于公布 2022 年国家级大学生创新创业训练计划项目和重点支持领域项目名单的通知》（教高司函〔2022〕10 号）。

② 杨亚丽，杨剑 . 基于 BSC 的大学生创新创业绩效评价指标体系研究 ［J］. 应用型高等教育研究，2017，2（4）：44-48，53.

盛巧玲（2012）① 分析了绩效审计评价指标体系的构建原则，在此基础上构建了一项财政科技创新项目的绩效审计评价指标，并采用层次分析法和模糊综合评价法对该项目进行绩效审计评价，将定性评价的指标演算为量化的评价结论，对模糊层次分析法在绩效审计评价中的运用进行了总结。

科技部和教育部组织对《国家大学科技园认定和管理办法》进行了修订，并组织制定了《国家大学科技园评价指导意见》，规定了科技园绩效评价的实施细则用于国家大学科技园绩效评价。叶玲春（2017）② 指出，现行的大学科技园绩效评价体系中，对于园区就业人数、园区总收入、在孵企业以及毕业企业增量都设置了较高的考核权重。但是，为了提高国家大学科技园的自主创新能力和发展水平，应该纳入园区功能定位因素。

从现有文献看，关于大学生创新绩效评价的文献相对较少。创新研究文献绝大多数集中在企业创新或高新技术园区绩效评价方面。

2.3.2 创业绩效评估综述

创业绩效是衡量创业是否成功的一个标杆。文卡塔拉曼和拉马努金

① 盛巧玲. 财政科技创新项目绩效审计评价指标设计及应用 ［J］. 财务与金融，2012（3）：67-72.

② 叶玲春. 大学科技园绩效评价指标体系研究 ［J］. 中国集体经济，2017（33）：37-38.

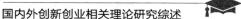

（Venkatraman，Ramanujam，1986）[①] 认为，可以从三个层面评价创业绩效，第一层是财务绩效，包括收入、利润销售增长率等；第二层是运作绩效，即非财务绩效，包括产品市场份额等；第三层主要考虑利益相关者的利益，如客户满意度等。墨菲、垂勒和希尔（Murphy，Trailer，Hill，1996）[②] 对有关创业绩效的指标进行分析后发现，比较多的关于创业绩效的测量主要包括从组织有效性［如资产收益率（ROA）］、组织成长（如市场占有率增长情况）、组织利润、组织规模、组织成功或失败（通过被调查者主观评价）等方面来测量，也有少部分研究通过员工满意度、离职率以及客户满意度和忠诚度等来测量创业绩效。库伯（Cooper，1995）[③] 采用四项主管成长性指标衡量创业绩效，包括创业目标实现状况、企业未来发展前景、创业者个人能力表现、公司是否能吸引和留住高素质的员工。

姚梅芳、郑雪东、金玉石（2004）[④] 认为，创业绩效指标包括财

① VENKATRAMAN N，RAMANUJAM V. Measurement of business performance in strategy research：a comparison of approaches ［J］. The Academy of Management Review，1986，11（4）：801-814.

② MURPHY G B，TRAILER J W，HILL R C. Measuring performance in entrepreneurship research ［J］. Journal of Business Research，1996，36（1）：15-23.

③ BULL I，THOMAS H，WILLARD G. Entrepreneurship：perspectives on theory building ［M］. //COOPER A C，AMIT R. Challenges in predicting new venture performance. London：Pergamon，1995.

④ 姚梅芳，郑雪冬，金玉石. 基于 Kaplan-Norton BSC 法的高科技网络及软件创业企业绩效评价体系研究 ［J］. 工业技术经济，2004（6）：103-105.

务、顾客、内部经营、员工四个方面。刘帮成和王重鸣（2005）[1] 认为，对新成立的创业型企业而言，由于成立时间较短以及自身资源的限制，所以应通过初创团队人员的离职率以及企业产品或服务的客户满意度来衡量创业绩效。曹之然、李万明、曹娜娜（2009）[2] 通过对多家创业型企业的调研访谈，总结了三个创业绩效评价维度，即声誉、生存、成长。唐琪、顾建平（2016）[3] 研究了企业家灵性资本与自我效能感对创业绩效的作用，将创业绩效划分为财务、成长、创新三个维度。

谢志远、刘巍伟（2010）[4] 从国内高校创业教育发展角度出发，通过应用层次分析法构建了一套包含五个二级指标、十九个三级指标的创业教育质量通用评价体系。运用层次分析对其三个级别的指标进行权重赋值并据此进行了定量研究，从而较为客观地评价了我国高校创业教育的发展水平。

万建香（2007）[5] 以学生、教师、学校环境、创业平台、学校名气、社会服务为二级指标，并在准则层建立了相应的三十个三级指标，

---

① 刘帮成，王重鸣. 国际创业模式与组织绩效关系：一个基于知识的概念模型 [J]. 科研管理，2005（4）：72-79.

② 曹之然，李万明，曹娜娜. 创业绩效结构的探索性研究及其理论挖掘 [J]. 税务与经济，2009（4）：18-23.

③ 唐琪，顾建平. 企业家灵性资本与自我效能感对创业绩效的作用 [J]. 企业经济，2016（9）：111-117.

④ 谢志远，刘巍伟. 高校创业教育绩效评价体系的定量研究 [J]. 创新与创业教育，2010，1（6）：3-8，13.

⑤ 万建香. 高校创业教育对中部崛起绩效评价体系研究——基于江西实证研究 [J]. 江西财经大学学报，2007（3）：117-121.

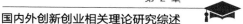

通过对各个指标的权重计算以后，组织大学教授、大学生、行政人员、用人单位、家长等不同群体对论文研究中的七所高校进行了评估，并为地区创业教育的发展提出了一系列建议。

吕贵兴（2010）① 在研究中提出，以学生、创业与教学、课程、学校声誉、学校创业环境五个方面为二级指标，并对二十七个三级指标进行了详细的注释，涉及社会影响力和支持力度方面的评价时参考了核心品质的评价方法，并对目标层、准则层建立了相应的矩阵，但是文中也提出其构建的指标评价体系在学校内部用于纵向比较，因此在三级指标的定位和划分上可能需要进一步完善。

朱素阳（2019）② 根据战略柔性理论，对战略导向的高校创业教育柔性绩效评价体系的理论框架、构成要素及其特征以及不同类型、层次下的创业人才培养柔性绩效评价体系等进行了研究。将影响创业教育绩效评价指标体系构建的因素归纳为五个层面：战略层、学校层、学生层、教师层、社会层，并依据这五个层次对高校创业教育柔性绩效进行了分析。

苏海泉、王洋（2015）③ 将具有战略管理理念的平衡计分卡绩效评价方法引入到高校创业教育绩效评价中，在厘清平衡计分卡内涵的基础上，对平衡计分卡中财务、客户、内部流程、学习与发展四个维度进行

① 吕贵兴. 高校创业教育评价指标体系构建研究［J］. 潍坊学院学报，2010，10（1）：137-139.

② 朱素阳. 基于战略导向的高校创业教育柔性绩效评价体系研究［J］. 创新创业理论研究与实践，2019，2（22）：4-6，9.

③ 苏海泉，王洋. 基于平衡计分卡的高校创业教育绩效考核［J］. 重庆高教研究，2015，3（6）：33-39.

科学转换，赋予其新的含义，并通过合理设计权重，建立起一套完整的创业教育平衡计分卡绩效评价体系。

葛莉、刘则渊（2014）[①] 提出建立 CIPP 评价模型，即由背景评价、输入评价、过程评价、成果评价四个要素构成评价指标体系，以提升基于背景评价的创业环境基础能力、基于输入评价的创业资源配置能力、基于过程评价的创业过程行动能力、基于成果评价的创业成果绩效能力。

---

① 葛莉，刘则渊. 基于 CIPP 的高校创业教育能力评价指标体系研究 [J]. 东北大学学报（社会科学版），2014，16（4）：377-382.

创新创业指标体系 ◀ 第3章
构建及表格设计

开展创新创业教育是为了培养具有开拓精神的人才，创新创业教育对培养学生的冒险精神、独立工作能力等十分重要。国内外学者在研究创新创业问题时大多数构建评估指标体系，采用定性分析和定量分析相结合的方法。本章依据文献研究，概括创新创业教育评价指标，利用创新创业指标设计表格，对大广赛获奖选手进行针对性研究。

3.1 创新创业指标体系构建

3.1.1 创新创业基本关系

创业是创业者在具备创新能力、创业能力和创业动机的基础上，发现评估利用创业机会，整合创业资源，进而将机会转化为新创企业，再对新创企业进行成长管理的过程，这一过程受外部环境的深刻影响。具备一定的创新能力和创业能力是大学生创业成功的前提和基础，大学生创新创业理论模型如图3-1所示。

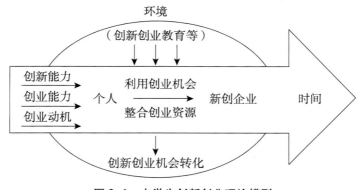

图3-1 大学生创新创业理论模型

3.1.2 创新能力评价指标体系

本书参考伍蓓等（2006）的学术观点，将大学生创新能力区分为四个一级指标，即创新学习能力、创新知识能力、创新思维能力和创新技能，以及对应的十六个二级指标，如表 3-1 所示。

表 3-1   **大学生创新能力评价指标体系**

一级指标	二级指标
创新学习能力	发现问题能力、信息检索能力、知识更新能力、善于标新立异
创新知识能力	基础知识水平、专业知识水平、交叉知识水平、创新知识水平
创新思维能力	直觉思维能力、逻辑思维能力、批判思维能力、灵感思维能力
创新技能	创新活动成果、课题独特水平、课程设计质量、毕业论文质量

3.1.3 创业能力评价指标体系

本书参考杨晓慧（2015）[①] 的学术观点，将大学生的创业能力分为四个一级指标，即创业人格、基本创业能力、核心创业能力及社会适应能力，以及对应的十四个二级指标，如表 3-2 所示。

---

① 杨晓慧. 中国大学生就业创业发展报告：2013—2014 ［M］. 北京：人民出版社，2015.

表 3-2　　　　　　　　　　大学生创业能力评价指标体系

一级指标	二级指标	构成要素
创业人格	勇气胆识	我是一个勇于冒险的人
		在参加讨论时我敢于坚持自己认为正确的观点
		我是一个不畏艰险的人
	责任担当	我清楚自己在工作中应该肩负的责任
		我敢于承担工作中革新失败后所带来的任何风险
		我勇于承认自己在工作或生活中的错误且知错就改
	踏实执着	我做事脚踏实地
		在学习或工作中如果失败了，我也会继续努力，直至成功为止
		一旦做出承诺，我一定会全力去兑现
		即便困难重重，我依然能够坚持自己的信念，执着行动
	自信乐观	我对大学的生活很满意
		我非常自信
		我性格开朗、乐观向上
基本创业能力	实践能力	我经常参加各种社会实践活动
		我在学校的各种活动中都是一个活跃分子
		我当过学生干部，而且工作出色
	学习能力	我大学期间的专业成绩很好
		我善于有针对性地高效获取与学习、工作相关的信息
		我能很好地解决学习或工作中遇到的难题
	分析能力	我善于发现一个问题的本质所在
		面对一个问题，我常反复思考它的实质所在、努力寻求更有效的解决方式
		我善于发现生活或工作中存在的关键问题

续表

一级指标	二级指标	构成要素
核心创业能力	创新能力	我经常会提出一些带有原创性的想法
		我善于富有创造性的思考
		在有很多不确定性因素的情况下，我也能想出好的方法或创意
	机遇把握能力	我能充分地做好准备，把握发展机遇
		我相信自己能抓住每一次发展机会
		一旦我抓到一个机会，我常常能很好地实现它
	资源整合能力	我善于把分散的资源整合起来去实现个人或团队的发展目标
		我有一个能给我的职业发展提供巨大帮助的社会关系网
		我善于带领他人一起攻坚克难
	领导能力	如果让我管理一家公司，我一定能胜任
		如果让我管理一家公司，我相信自己有能力为公司谋求发展之路
		在团队中，我有能力安排合适的人去做合适的工作
社会适应能力	人际交往能力	我乐于助人
		我善于赢得他人对我的信任
		与别人的交流中，我能很好地理解别人所说的话
	团队合作能力	我善于和不同部门或团队中的成员一起合作
		我在团队中能包容他人，乐于同他人一起合作解决难题
		我关注团队的共同发展
	抗压能力	我能够适应较大的工作压力
		压力很大的情况下，我也能努力把事情做好
		我善于根据环境的变化调整自己的目标和思路

3.1.4 创新创业能力综合评价指标体系

本课题拟解决如下问题：①具有一定创新思想的大学生，进入社会就业后的基本表现。②具有一定创新思想的大学生，能否将创新思想与其择（就）业结合起来。③具有一定创新思想的大学生，自主创业的比例。④具有一定创新思想的大学生，自主创业的主要影响因素。⑤如何改进大广赛，以提高大广赛对在校大学生创新创业能力的培养。

因此，课题的主要内容如下：①如何将创新能力与创业能力结合起来？学校怎样改革教学计划和课程计划，以便大学生在校期间有效培养其创新能力和创业能力。②社会应该营造怎样的环境，出台怎样的支持政策，更有利于大学生步入社会后创新创业。

为便于研究，本课题对上述创新创业能力指标进行了细分整合，整合以后的创新创业能力由创业人格、创新能力和创业能力三大一级指标构成（见表3-3）。

表 3-3　　　　大学生创新创业能力综合评价指标体系

一级指标	二级指标	构成要素
创业人格	勇气胆识	我是一个勇于冒险的人
		在参加讨论时我敢于坚持自己认为正确的观点
		我是一个不畏艰险的人
	责任担当	我清楚自己在工作中应该肩负的责任
		我敢于承担工作中革新失败后所带来的任何风险
		我勇于承认自己在工作或生活中的错误且知错就改

续表

一级指标	二级指标	构成要素
创业人格	踏实执着	我做事脚踏实地
		在学习或工作中如果失败了，我也会继续努力，直至成功为止
		一旦做出承诺，我一定会全力去兑现
		即便困难重重，我依然能够坚持自己的信念，执着行动
	自信乐观	我对大学的生活很满意
		压力很大的情况下，我也能积极看待问题，努力把事情做好
创新能力	发现问题	我善于发现生活或工作中存在的关键问题
	信息检索	我善于有针对性地高效获取与学习、工作相关的信息
	知识更新	我善于根据环境的变化调整自己的目标和思路
	标新立异	我经常会提出一些带有原创性的想法
		在有很多不确定性因素的情况下，我也能想出好的方法或创意
		在工作或学习过程中，我敢于对上级或领导的观点提出不同的建议
创业能力	领导能力	在团队中，我有能力安排合适的人去做合适的工作
		我善于带领他人一起攻坚克难
	机遇把握	一旦我抓到一个机会，我常常能很好地实现它
	资源整合	我有一个能给我的职业发展提供巨大帮助的社会关系网
		我善于把分散的资源整合起来去实现个人或团队的发展目标
	人际交往	与别人的交流中，我能很好地理解别人所说的话
		我很乐于主动帮助他人
	团队合作	我在团队中能包容他人，乐于同他人一起合作解决难题
		我关注团队的共同发展

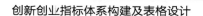

3.2　创新创业调查样表设计

　　以下内容是对创业人格调查、创新能力调查、创业能力调查三方面设计的调查问卷。

3.2.1　创业人格调查问卷设计

项目	选项
勇气胆识	通过大广赛的锻炼，在目前我的工作或生活过程中，"勇于冒险"这一特质有显著提升
	通过大广赛的锻炼，我在工作或学习中参加讨论时，更敢于坚持自己的观点
	通过大广赛的锻炼，对于工作或生活中遇到的困难，我不再畏惧
责任担当	通过大广赛的锻炼，在目前的工作或学习中，我更为清楚地知道自己应该肩负的责任
	通过大广赛的锻炼，在目前的工作或学习中，我更加敢于承担革新失败后所带来的任何风险
	通过大广赛的锻炼，在目前的工作或生活中，我更有勇气承认自己的错误，且知错就改
踏实执着	通过大广赛的锻炼，我在目前的工作或生活中更加脚踏实地
	通过大广赛的锻炼，我在目前的工作或学习中，即使失败，也会继续努力，直到成功为止
	通过大广赛的锻炼，我在目前的工作或生活中，一旦做出了承诺，就会尽全力去兑现
	通过大广赛的锻炼，我在工作或生活中，即使困难重重，依然坚持自己的信念，执着行动
自信乐观	通过参加大广赛，我对我的大学生活更为满意
	通过大广赛的锻炼，我在目前的工作或学习中，即使面临巨大的压力，依然坚持自己的信念，执着行动

3.2.2 创新能力调查问卷设计

项目	选项
发现问题	相较之前，在参加大广赛之后，我更善于发现工作或生活中存在的关键问题
信息检索	通过大广赛的锻炼，我能更高效地获取与工作或学习相关的信息
知识更新	通过大广赛的锻炼，我在工作或学习中，更善于根据环境的变化调整自己的思路和目标
标新立异	通过大广赛的锻炼，我在工作或学习中，能够更经常地提出带有原创性的想法
	通过大广赛的锻炼，即使工作或生活中有很多不确定因素，我也能想出好的方法和创意
	通过大广赛的锻炼，我在工作或学习中更敢于对上级或导师的观点提出不同的看法

3.2.3 创业能力调查问卷设计

项目	选项
领导能力	通过大广赛的锻炼，我在目前团队的工作中，安排合适的人去做合适的工作的能力得到了显著提升
	通过大广赛的锻炼，在目前的工作或生活中，我能够更好地带领他人一起攻坚克难
机遇把握	通过大广赛的锻炼，在目前的工作或生活中，我一旦抓住机遇，常常可以很好地实现它
资源整合	通过参加大广赛，现在我有一个能给我的职业发展提供巨大帮助的社会关系网
	通过大广赛的锻炼，我在目前工作或生活中，更善于把分散的资源整合起来去实现个人或团队的发展目标

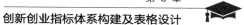

续表

项目	选项
人际交往	通过大广赛的锻炼，使得我在工作或生活中与别人交流时，可以更好地理解别人的想法
	通过大广赛的锻炼，使得我在工作或生活中，更加乐意主动帮助他人
团队合作	通过大广赛的锻炼，使得我在团队中，能更加包容他人，更乐于同他人一起合作解决难题
	通过大广赛的锻炼，使得我在工作或学习中，更加关注团队共同发展

本节依据创业人格指标、创新能力指标和创业能力指标设计了 27 项问卷题干。将调查问卷发放到样本人群，然后获取样本内容。

大广赛获奖者创新 ◀ 第4章
创业调查指标分析

本章采用抽样调查法对大广赛各赛区进行调查。抽样调查是一种非全面调查，它是从全部调查研究对象中，抽选一部分单位进行调查，并据以对全部调查研究对象做出估计和推断的一种调查方法。依据创新创业研究分析维度，对样本目前的就业状况进行了统计，从指标折射的共性问题中提炼数据价值。

4.1　创新创业者基本情况调查分析

截至 2018 年，本次调查抽取第 1 ~ 10 届大广赛的获奖者样本共计 255 名，其中男同学 111 人，占获奖调查同学的 43.53%；女同学 144 人，占获奖调查同学的 56.47%。样本涉及包括北京、上海、江苏、浙江、山东、广东等分赛区。

4.1.1　调查参赛获奖者届数的数量分析

本书调查范围为第 1 ~ 10 届大广赛获得一等奖和二等奖的部分同学，发放问卷 380 份，回收问卷 366 份，其中有效问卷 255 份。从回收问卷的参赛获奖者所在届数看，其中第一届（2005 年）参赛获奖选手 2 人次；第二届（2007 年）参赛获奖选手 11 人次；第三届（2009 年）参赛获奖选手 3 人次；第四届（2011 年）参赛获奖选手 10 人次，之后大广赛改为每年举办一次；专题设计竞赛（2012 年）参赛获奖选手 3 人次；第五届（2013 年）参赛获奖选手 16 人次；第六届（2014 年）参赛获奖选手 59 人次；第七届（2015 年）参赛获奖选手 55 人次；第

八届（2016 年）参赛获奖选手 48 人次；第九届（2017 年）参赛获奖选手 27 人次；第十届（2018 年）参赛获奖选手 76 人次，回收问卷的参赛获奖者所在届数统计，如图 4-1 所示。

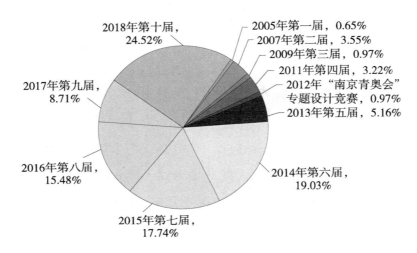

图 4-1 回收问卷的参赛获奖者所在届数统计

4.1.2 调查参赛获奖者所在赛区的数量分析

大广赛在全国各省市共设立了 30 个赛区，本次有效调查问卷包含了 26 个赛区的竞赛获奖者，各参赛赛区占比，如图 4-2 所示。从调查的获奖同学在各赛区数量看，其中参赛获奖者调查的北京赛区 15 人，占获奖者调查总数的 5.88%；河北赛区 6 人，占获奖者调查总数的 2.35%；山西赛区 21 人，占获奖者调查总数的 8.23%；内蒙古赛区 1 人，占获奖者调查总数的 0.39%；辽宁赛区 8 人，占获奖者调查总数的 3.14%；吉林赛区 3 人，占获奖者调查总数的 1.18%；黑龙江赛区 3 人，占获奖者调查总数的 1.18%；上海赛区 21 人，占获奖者调查总数的 8.23%；江苏赛区 22 人，占获奖者调查总数的 8.63%；浙江赛区 26 人，占获奖者调查总数的 10.21%；安徽赛区 28 人，占获奖者调查总数的 10.98%；福建赛区 2 人，占获奖者调查总数的 0.78%；江西赛区 3 人，占获奖者调查总数的 1.18%；山东赛区 20 人，占获奖者调查总数的 7.84%；河南赛区 3 人，占获奖者调查总数的 1.18%；湖北赛区 8 人，占获奖者调查总数的 3.14%；湖南赛区 18 人，占获奖者调查总数的 7.06%；广东赛区 21 人，占获奖者调查总数的 8.23%；广西赛区 9 人，占获奖者调查总数的 3.53%；四川赛区 1 人，占获奖者调查总数的 0.39%；重庆赛区 4 人，占获奖者调查总数的 1.57%；贵州赛区 1 人，占获奖者调查总数的 0.39%；云南赛区 5 人，占获奖者调查总数的 1.96%；陕西赛区 3 人，占获奖者调查总数的 1.18%；甘肃赛区 2 人，占获奖者调查总数的 0.78%；新疆赛区 1 人，占获奖者调查总数的 0.39%。

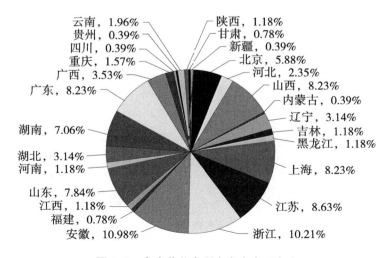

图 4-2 参赛获奖者所在参赛赛区占比

4.1.3 调查参赛获奖者获奖作品类别的数量分析

从本次调查的获奖者在大广赛获奖作品类别看，其中平面类作品获奖者 153 人次，占本次获奖者调查总数的 60.00%；视频类作品获奖者 58 人次，占本次获奖者调查总数的 22.75%；动画类作品获奖者 23 人次，占本次获奖者调查总数的 9.02%；广播类作品获奖者 22 人次，占本次获奖者调查总数的 8.63%；互动类作品获奖者 8 人次，占本次获奖者调查总数的 3.14%；策划案类作品获奖者 60 人次，占本次获奖者调查总数的 23.53%；文案类作品获奖者 10 人次，占本次获奖者调查总数的 3.92%；营销创客类作品获奖者 3 人次，占本次获奖者调查总数的 1.18%。参赛获奖者获奖作品类别占比分析，如图 4-3 所示。

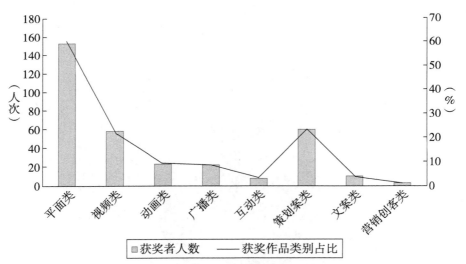

图 4-3　参赛获奖者获奖作品类别占比分析

4.1.4　调查参赛获奖者获奖等级的数量分析

本次调查的 255 名同学均为大广赛获奖者，其中获得大广赛一等奖的同学有 126 人次，占本次调查样本的 49.41%；获得大广赛二等奖的同学有 134 人次，占本次调查样本的 52.55%；获得大广赛三等奖的同学有 26 人次，占本次调查样本的 10.20%；获得大广赛优秀奖的同学有 47 人次，占本次调查样本的 18.43%；获得大广赛企业特别奖的同学有 17 人次，占本次调查样本的 6.67%。参赛获奖者获奖等级占比，如图 4-4 所示。

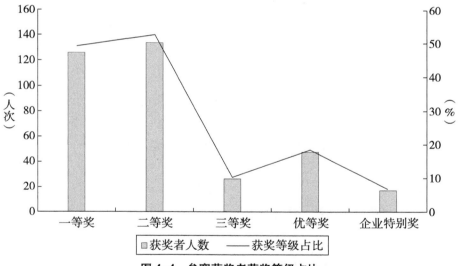

图 4-4　参赛获奖者获奖等级占比

4.1.5　调查参赛获奖者目前就业状况的数量分析

本次调查的 255 名同学，自由职业 42 人，占本次调查样本的

16.47%；自主创业 13 人，占本次调查样本的 5.10%；升学或留学（即考取研究生或留学）的 62 人，占本次调查样本的 24.31%；协议就业 138 人，占本次调查样本的 54.12%。

参赛获奖者目前就业状况占比，如图 4-5 所示。

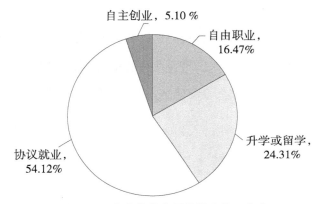

图 4-5　参赛获奖者目前就业状况占比

4.2　大赛获奖对创业人格影响分析

4.2.1　"勇气胆识"提升分析

4.2.1.1　"勇于冒险"特质提升分析

本次调查的同学普遍认为，通过参加大广赛，在自己未来的工作或学习中，"勇于冒险"的创新品质得到了锻炼。其中，非常同意该观点的有 115 人，占本次调查样本的 45.10%；同意该观点的有 120 人，占本次调查样本的 47.06%；认为影响一般的有 19 人，占本次调查样本的

7.45%；不同意该观点的仅有 1 人，占本次调查样本的 0.39%。

认同大广赛锻炼了自己"勇于冒险"的创新品质的情况占比，如图 4-6 所示。

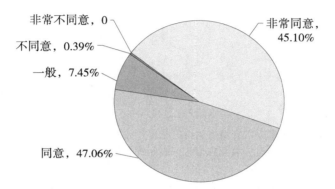

图 4-6　认同大广赛锻炼了自己"勇于冒险"的创新品质的情况占比

4.2.1.2　工作或学习中敢于坚持自己的观点，有独立思考意识分析

本次调查的同学认为，通过参加大广赛，在自己未来的工作或学习中，敢于坚持自己的观点，独立思考意识有所提升。其中，非常同意该观点的有 124 人，占本次调查样本的 48.63%；同意该观点的有 114 人，占本次调查样本的 44.70%；认为影响一般的有 17 人，占本次调查样本的 6.67%；没有人认为大广赛对该项创业人格品质没有影响。

认同大广赛锻炼了自己在工作或学习中敢于坚持自己的观点，独立思考意识有所提升的情况占比，如图 4-7 所示。

4.2.1.3　工作或生活中遇到困难不再畏惧分析

本次调查的同学认为，通过参加大广赛，在自己未来的工作或学习

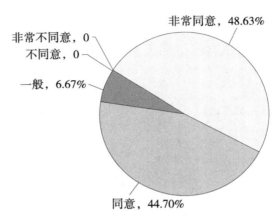

图 4-7　认同大广赛锻炼了自己在工作或学习中敢于坚持自己的
观点，独立思考意识有所提升的情况占比

中，遇到困难不再畏惧的性格品质得到提升。其中，非常同意该观点的
有 85 人，占本次调查样本的 33.33%；同意该观点的有 128 人，占本次
调查样本的 50.20%；认为影响一般的有 40 人，占本次调查样本的
15.69%；不同意的同学仅有 2 人，占本次调查样本的 0.78%。

认同大广赛锻炼了自己遇到困难不再畏惧的性格品质的情况占比，
如图 4-8 所示。

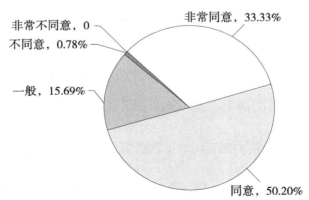

图 4-8　认同大广赛锻炼了自己遇到困难不再畏惧的性格品质的情况占比

4.2.2 "责任担当"提升分析

4.2.2.1 工作或学习中更为清楚地知道自己应该肩负的责任分析

参加本次调查的同学认为，通过参加大广赛，在自己未来的工作或学习中，更为清楚地知道自己应该肩负的责任。其中，非常同意该观点的有 109 人，占本次调查样本的 42.74%；同意该观点的有 123 人，占本次调查样本的 48.24%；认为影响一般的有 23 人，占本次调查样本的 9.02%；没有人认为大广赛对该项创业人格品质没有影响。

认同大广赛锻炼了自己更为清楚地知道肩负责任的情况占比，如图 4-9 所示。

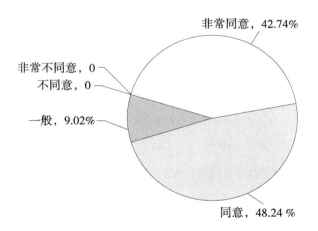

图 4-9　认同大广赛锻炼了自己更为清楚地知道肩负责任的情况占比

4.2.2.2　工作或学习中敢于承担革新失败后所带来的风险分析

参加本次调查的同学认为，通过参加大广赛，在自己未来的工作或学习中，敢于承担革新失败后所带来的风险的意识得到提升。其中，非常同意该观点的有 98 人，占本次调查样本的 38.43%；同意该观点的有 123 人，占本次调查样本的 48.24%；认为影响一般的有 34 人，占本次调查样本的 13.33%；没有人认为大广赛对该项创业人格品质没有影响。

认同大广赛锻炼了自己敢于承担革新失败后所带来的风险的意识的情况占比，如图 4-10 所示。

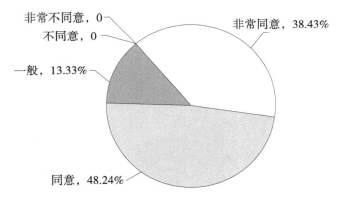

图 4-10　认同大广赛锻炼了自己敢于承担革新失败后所带来的风险的意识的情况占比

4.2.2.3　工作或生活中更勇于承认错误，且知错就改分析

参加本次调查的同学认为，通过参加大广赛，在自己未来的工作或生活中，更勇于承认自己的错误，且知错就改。其中，非常同意该观点

的有 100 人，占本次调查样本的 39.22%；同意该观点的有 125 人，占本次调查样本的 49.02%；认为影响一般的有 30 人，占本次调查样本的 11.76%；没有人认为大广赛对该项创业人格品质没有影响。

认同大广赛锻炼了自己更勇于承认错误，且知错就改的情况占比，如图 4-11 所示。

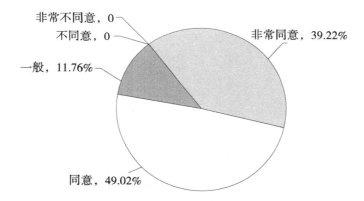

图 4-11　认同大广赛锻炼了自己更勇于承认错误，且知错就改的情况占比

4.2.3　"踏实执着"提升分析

4.2.3.1　在目前工作或生活中更加脚踏实地分析

参加本次调查的同学认为，通过参加大广赛，我在目前的工作或生活中更加脚踏实地。其中，非常同意该观点的有 108 人，占本次调查样本的 42.35%；同意该观点的有 122 人，占本次调查样本的 47.85%；认为影响一般的有 25 人，占本次调查样本的 9.80%；没有人认为大广赛

对该项创业人格品质没有影响。

认同大广赛锻炼了自己在工作或生活中更加脚踏实地的情况占比，如图 4-12 所示。

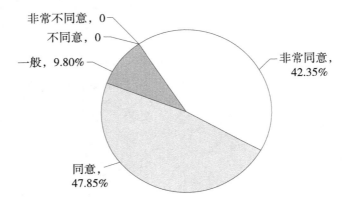

图 4-12　认同大广赛锻炼了自己在工作或生活中更加脚踏实地的情况占比

4.2.3.2　在工作或学习中，即使失败，也会继续努力分析

参加本次调查的同学认为，通过参加大广赛，在自己未来的工作或学习中，即使失败，也会继续努力，直至成功。其中，非常同意该观点的有 112 人，占本次调查样本的 43.92%；同意该观点的有 123 人，占本次调查样本的 48.24%；认为影响一般的有 19 人，占本次调查样本的 7.45%；不同意的仅有 1 人，占本次调查样本的 0.39%。

认同大广赛锻炼了自己在工作或学习中，即使失败，也会继续努力的情况占比，如图 4-13 所示。

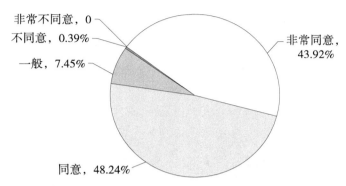

图 4-13 认同大广赛锻炼了自己在工作或学习中，即使失败，也会继续努力的情况占比

4.2.3.3 在工作或生活中，一旦做出了承诺，就会尽全力去兑现分析

参加本次调查的同学认为，通过参加大广赛，在自己目前的工作或生活中，一旦做出了承诺，就会尽全力去兑现。其中，非常同意该观点的有 114 人，占本次调查样本的 44.71%；同意该观点的有 122 人，占本次调查样本的 47.84%；认为影响一般的有 18 人，占本次调查样本的 7.06%；不同意的仅有 1 人，占本次调查样本的 0.39%。

认同大广赛锻炼了自己在工作或生活中，一旦做出了承诺，就会全力去兑现的情况占比，如图 4-14 所示。

4.2.3.4 在工作或生活中，即使困难重重，依然坚持自己的信念，执着行动分析

参加本次调查的同学认为，通过参加大广赛，在自己未来的工作或生活中，即使困难重重，依然坚持自己的信念，执着行动。其中，非常同意该观点的有 111 人，占本次调查样本的 43.53%；同意该观点的有

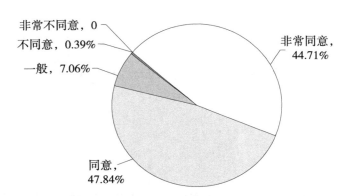

图 4-14 认同大广赛锻炼了自己在工作或生活中一旦承诺了，就会全力兑现的情况占比

120 人，占本次调查样本的 47.06%；认为影响一般的有 23 人，占本次调查样本的 9.02%；不同意的仅有 1 人，占本次调查样本的 0.39%。

认同大广赛锻炼了自己在工作或生活中，即使困难重重，依然坚持自己的信念，执着行动的情况占比，如图 4-15 所示。

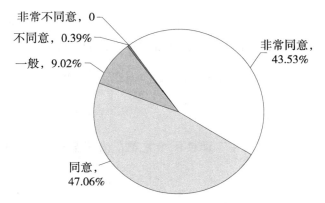

图 4-15 认同大广赛锻炼了自己在工作或生活中，即使困难
重重，依然坚持自己的信念，执着行动的情况占比

4.3 大赛获奖对创新能力影响分析

4.3.1 "发现问题"能力提升分析

参加本次调查的同学认为，通过参加大广赛，自己在工作或生活中发现关键问题的能力得到了提升。其中，非常同意该观点的有 102 人，占本次调查样本的 40.00%；同意该观点的有 123 人，占本次调查样本的 48.24%；认为影响一般的有 29 人，占本次调查样本的 11.37%；不同意的仅有 1 人，占本次调查样本的 0.39%。

认同大广赛锻炼了自己发现工作或生活中存在的关键问题的能力的情况占比，如图 4-16 所示。

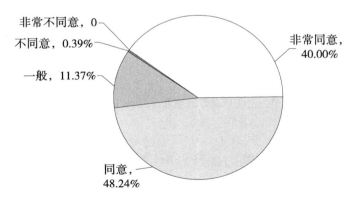

图 4-16 认同大广赛锻炼了自己发现工作或生活中存在的关键问题的能力的情况占比

4.3.2 "信息检索"能力提升分析

参加本次调查的同学认为，通过大广赛的锻炼，自己获取与工作或学习相关的信息的能力得到了提升。其中，非常同意该观点的有 108人，占本次调查样本的 42.35%；同意该观点的有 130 人，占本次调查样本的 50.98%；认为影响一般的有 16 人，占本次调查样本的 6.28%；不同意的仅有 1 人，占本次调查样本的 0.39%。

认同大广赛锻炼了自己能更高效地获取与工作或学习相关的信息能力的情况占比，如图 4-17 所示。

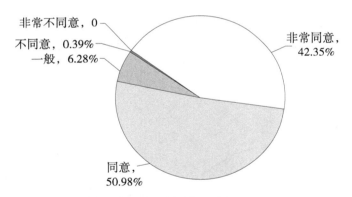

图 4-17 认同大广赛锻炼了自己能更高效地获取与工作或学习相关的信息能力的情况占比

4.3.3 "知识更新"能力提升分析

参加本次调查的同学认为，通过参加大广赛，在工作或学习中，自己更善于根据环境的变化调整自己的思路和目标。其中，非常同意该观点的有 101 人，占本次调查样本的 39.61%；同意该观点的有 130 人，占本次调查样本的 50.98%；认为影响一般的有 23 人，占本次调查样本的 9.02%；不同意的仅有 1 人，占本次调查样本的 0.39%。

认同大广赛锻炼了自己在工作或学习中更善于根据环境的变化调整自己的思路和目标的情况占比，如图 4-18 所示。

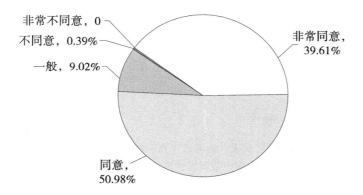

**图 4-18　认同大广赛锻炼了自己在工作或学习中更善于根据
环境的变化调整自己的思路和目标的情况占比**

4.3.4　"标新立异"能力提升分析

4.3.4.1　能够更经常地提出带有原创性的想法分析

参加本次调查的同学认为，通过参加大广赛，在工作或学习中，自己能够更经常地提出带有原创性的想法。其中，非常同意该观点的有 128 人，占本次调查样本的 50.20%；同意该观点的有 115 人，占本次调查样本的 45.10%；认为影响一般的有 12 人，占本次调查样本的 4.70%；没有人认为大广赛对该项创新能力没有影响。

认同大广赛锻炼了自己在工作或学习中，能更经常地提出带有原创性的想法的情况占比，如图 4-19 所示。

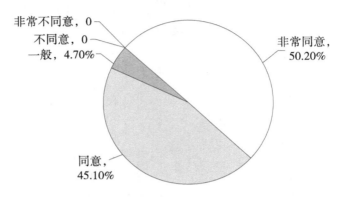

**图 4-19 认同大广赛锻炼了自己在工作或学习中，
能更经常地提出带有原创性的想法的情况占比**

4.3.4.2 即使工作或生活中有很多不确定因素，我也能想出好的方法和创意分析

参加本次调查的同学认为，通过参加大广赛，即使在工作或生活中有很多不确定因素，自己也能想出好的方法和创意。其中，非常同意该观点的有 93 人，占本次调查样本的 36.47%；同意该观点的有 133 人，占本次调查样本的 52.16%；认为影响一般的有 29 人，占本次调查样本的 11.37%；没有人认为大广赛对该项创新能力没有影响。

认同大广赛锻炼了自己即使在工作或生活中有很多不确定因素，也能想出好的方法和创意的情况占比，如图 4-20 所示。

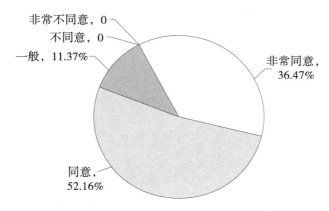

图 4-20 认同大广赛锻炼了自己即使在工作或生活中有很多不确定因素，也能想出好的方法和创意的情况占比

4.3.4.3 在工作或学习中更敢于对上级或导师的观点提出不同的看法分析

参加本次调查的同学认为，通过参加大广赛，在工作或学习中自己更敢于对上级或导师的观点提出不同的看法。其中，非常同意该观点的有 84 人，占本次调查样本的 32.94%；同意该观点的有 121 人，占本次调查样本的 47.45%；认为影响一般的有 46 人，占本次调查样本的 18.04%；不同意的仅有 4 人，占本次调查样本的 1.57%。

认同大广赛锻炼了自己在工作或学习中更敢于对上级或导师的观点提出不同的看法的情况占比，如图 4-21 所示。

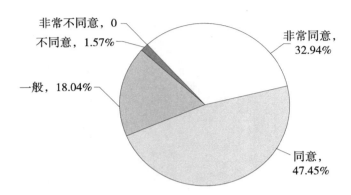

非常不同意，0
不同意，1.57%
一般，18.04%
非常同意，32.94%
同意，47.45%

图 4-21 认同大广赛锻炼了自己在工作或学习中更敢于对上级
或导师的观点提出不同的看法的情况占比

4.4 大赛获奖对创业能力影响分析

4.4.1 "领导能力"提升分析

4.4.1.1 在目前团队的工作中，安排合适的人去做合适的工作的能力分析

参加本次调查的同学认为，通过参加大广赛，个人发现自己在目前团队的工作中，安排合适的人去做合适的工作的能力得到了显著提升。其中，非常同意该观点的有 95 人，占本次调查样本的 37.26%；同意该观点的有 126 人，占本次调查样本的 49.41%；认为影响一般的有 33 人，占本次调查样本的 12.94%；不同意的仅有 1 人，占本次调查样本的 0.39%。

认同大广赛锻炼了自己在目前团队的工作中，安排合适的人去做合适的工作的能力的情况占比，如图 4-22 所示。

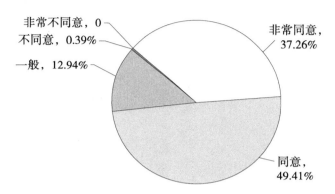

图 4-22 认同大广赛锻炼了自己在目前团队的工作中安排合适的人去做合适的工作的能力的情况占比

4.4.1.2 在目前工作或生活中我能够更好地带领他人一起攻坚克难

参加本次调查的同学认为，通过参加大广赛，在目前的工作或生活中，我能够更好地带领他人一起攻坚克难。其中，非常同意该观点的有 95 人，占本次调查样本的 37.26%；同意该观点的有 126 人，占本次调查样本的 49.41%；认为影响一般的有 32 人，占本次调查样本的 12.55%；不同意的仅有 2 人，占本次调查样本的 0.78%。

认同大广赛锻炼了自己在目前的工作或生活中能更好地带领他人一起攻坚克难的情况占比，如图 4-23 所示。

4.4.2 "机遇把握"能力提升分析

参加本次调查的同学认为，通过参加大广赛，在目前的工作或生活中，自己一旦抓住机遇，常常可以很好地实现它。其中，非常同意该观点的有 103 人，占本次调查样本的 40.39%；同意该观点的有 128 人，

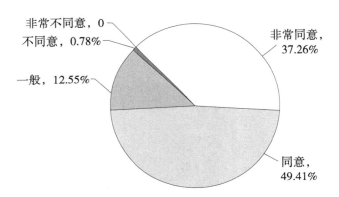

**图 4-23 认同大广赛锻炼了自己在目前的工作或生活中能
更好地带领他人一起攻坚克难的情况占比**

占本次调查样本的 50.20%；认为影响一般的有 19 人，占本次调查样本
的 7.45%；不同意的有 5 人，占本次调查样本的 1.96%。

认同大广赛锻炼了自己在目前的工作或生活中一旦抓住机遇常常可
以很好地实现它的情况占比，如图 4-24 所示。

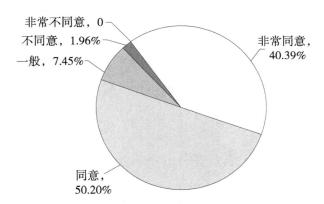

**图 4-24 认同大广赛锻炼了自己在目前的工作或生活中一旦
抓住机遇常常可以很好地实现它的情况占比**

4.4.3 "资源整合"能力提升分析

4.4.3.1 现在我有一个能给我的职业发展提供巨大帮助的社会关系网

参加本次调查的同学认为，通过参加大广赛，发现自己有一个能给我的职业发展提供巨大帮助的社会关系网。其中，非常同意该观点的有77人，占本次调查样本的30.20%；同意该观点的有90人，占本次调查样本的35.29%；认为影响一般的有65人，占本次调查样本的25.49%；不同意的有21人，占本次调查样本的8.24%；非常不同意的有2人，占本次调查样本的0.78%。

认同大广赛让自己发现自己有一个能给自己职业发展提供巨大帮助的社会关系网的情况占比，如图4-25所示。

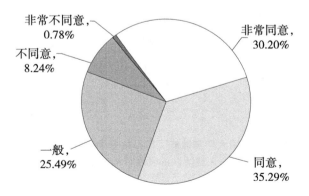

**图4-25 认同大广赛让自己发现自己有一个能给自己职业
发展提供巨大帮助的社会关系网的情况占比**

4.4.3.2　更善于把分散的资源整合起来去实现个人或团队的发展目标

参加本次调查的同学认为，通过大广赛的锻炼，在目前的工作或生活中，自己更善于把分散的资源整合起来去实现个人或团队的发展目标。其中，非常同意该观点的有 78 人，占本次调查样本的 30.59%；同意该观点的有 135 人，占本次调查样本的 52.94%；认为影响一般的有 40 人，占本次调查样本的 15.69%；不同意的仅有 2 人，占本次调查样本的 0.78%。

认同大广赛锻炼了自己把分散的资源整合起来去实现个人或团队的发展目标的情况占比，如图 4-26 所示。

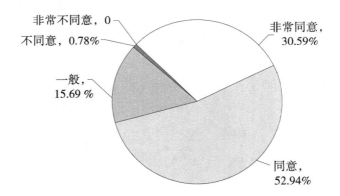

图 4-26　认同大广赛锻炼了自己把分散的资源整合起来
去实现个人或团队的发展目标的情况占比

4.4.4 "人际交往"能力提升分析

4.4.4.1 使自己在工作或生活中与别人交流时，可以更好地理解别人的想法

参加本次调查的同学认为，通过参加大广赛，使自己在工作或生活中与别人交流时，可以更好地理解别人的想法。其中，非常同意该观点的有 94 人，占本次调查样本的 36.86%；同意该观点的有 129 人，占本次调查样本的 50.59%；认为影响一般的有 30 人，占本次调查样本的 11.77%；不同意的仅有 2 人，占本次调查样本的 0.78%。

认同大广赛使自己在工作或生活中与别人交流时，可以更好地理解别人的想法的情况占比，如图 4-27 所示。

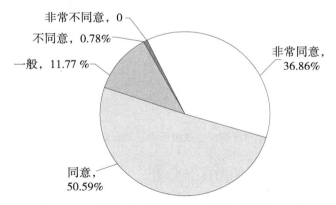

图 4-27 认同大广赛使自己在工作或生活中与别人交流时，可以更好地理解别人的想法的情况占比

4.4.4.2 使自己在工作或生活中，更加乐意主动帮助别人

参加本次调查的同学认为，通过参加大广赛，使自己在工作或生活中，更加乐意主动帮助别人。其中，非常同意该观点的有 93 人，占本次调查样本的 36.47%；同意该观点的有 133 人，占本次调查样本的 52.16%；认为影响一般的有 27 人，占本次调查样本的 10.59%；不同意的仅有 2 人，占本次调查样本的 0.78%。

认同大广赛使自己在工作或生活中更加乐意主动帮助别人的情况占比，如图 4-28 所示。

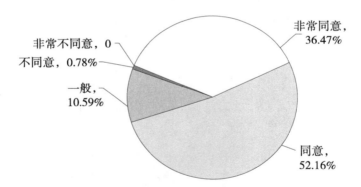

图 4-28　认同大广赛使自己在工作或生活中更加乐意主动帮助别人的情况占比

4.4.5　"团队合作"能力提升分析

4.4.5.1 使自己在团队中，能更加包容他人，更乐于同他人一起合作解决难题

参加本次调查的同学认为，通过参加大广赛，使自己在团队中，能

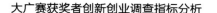

更加包容他人，更乐于同他人一起合作解决难题。其中，非常同意该观点的有 106 人，占本次调查样本的 41.57%；同意该观点的有 133 人，占本次调查样本的 52.16%；认为影响一般的有 15 人，占本次调查样本的 5.88%；不同意的仅有 1 人，占本次调查样本的 0.39%。

认同大广赛使自己在团队中能更加包容他人，更乐于同他人一起合作解决难题的情况占比，如图 4-29 所示。

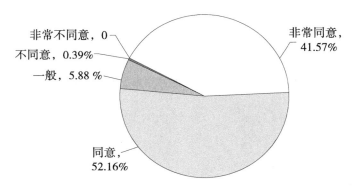

**图 4-29　认同大广赛使自己在团队中能更加包容他人，
更乐于同他人一起合作解决难题的情况占比**

4.4.5.2　使自己在工作或学习中，更加关注团队共同发展

参加本次调查的同学认为，通过参加大广赛，使自己在工作或学习中，更加关注团队共同发展。其中，非常同意该观点的有 126 人，占本次调查样本的 49.41%；同意该观点的有 118 人，占本次调查样本的 46.28%；认为影响一般的有 9 人，占本次调查样本的 3.53%；不同意的仅有 2 人，占本次调查样本的 0.78%。

认同大广赛使自己在工作或学习中更加关注团队共同发展的情况占比，如图 4-30 所示。

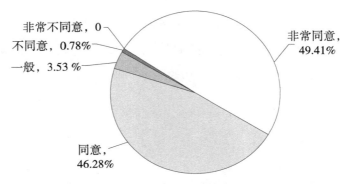

图 4-30　认同大广赛使自己在工作或学习过程中更加关注团队共同发展的情况占比

创新创业研究结论 ◀ 第5章
及对策建议

5.1 大广赛创新创业研究结论

5.1.1 获奖同学认为自己的创业人格品质得到了明显提升

通过参加大广赛，获奖同学普遍认为自己的创业人格品质得到了明显提升。调查显示：①在自己未来的工作或学习中，92.16%的获奖同学认为"勇于冒险"的创业人格品质得到了锻炼。②在自己未来的工作或学习中，93.33%的获奖同学认为敢于坚持自己的观点，独立思考意识有所提升。③在自己未来的工作或学习中，83.53%的获奖同学认为遇到困难不再畏惧的性格品质得到提升。④在自己未来的工作或学习中，90.98%的获奖同学认为自己更为清楚地知道自己应该肩负的责任。⑤在自己未来的工作或学习中，86.67%的获奖同学认为自己敢于承担革新失败后所带来的风险的意识得到提升。⑥在自己未来的工作或生活中，88.24%的获奖同学认为自己更勇于承认错误，且知错就改。⑦在自己目前的工作或生活中，90.20%的获奖同学认为自己更加脚踏实地。⑧在自己未来的工作或学习中，92.16%的获奖同学认为即使失败也会继续努力，直至成功。⑨在自己目前的工作或生活中，92.55%的获奖同学认为一旦做出了承诺，就会尽全力去兑现。⑩在自己未来的工作或生活中，90.59%的获奖同学认为即使困难重重，依然坚持自己的信念，执着行动。

5.1.2　获奖同学认为自己的创新能力得到了明显提升

通过参加大广赛，获奖同学认为自己的创新能力得到了明显提升。调查显示：①88.24%的获奖同学认为自己发现工作或生活中存在的关键问题的能力得到了提升。②93.33%的获奖同学认为自己获取与工作或学习相关的信息的能力得到了提升。③90.59%的获奖同学认为自己在工作或学习中，根据环境的变化调整自己的思路和目标的能力得到了提升。④95.30%的获奖同学认为自己在工作或学习中，能够提出带有原创性的想法的能力得到了提升。⑤88.63%的获奖同学认为即使在工作或生活中有很多不确定因素，自己也能想出好的方法和创意的能力得到了提升。⑥80.39%的获奖同学认为在工作或学习中，自己敢于对上级或导师的观点提出不同的看法的能力得到了提升。

5.1.3　获奖同学认为自己的创业能力得到了明显提升

通过参加大广赛，获奖同学认为自己的创业能力得到了明显提升。从获奖同学调查结果看，独立创业的同学占调查总数的 21.57%（包含自由职业和自主创业者）；考取研究生或留学的同学占 24.31%。

从创业能力的具体指标看：①86.67%的获奖同学认为自己在目前团队的工作中，安排合适的人去做合适的工作的能力得到了提升。②在自己目前的工作或生活中，86.67%的获奖同学认为自己带领他人一起攻坚克难的能力得到了提升。③在自己目前的工作或生活中，90.59%的获奖同学认为自己一旦抓住机遇，可以很好地实现它的能力得到了提升。④65.49%的获奖同学认为通过参赛，发现自己有一个能给自己职业发展提供巨大帮助的社会关系网。⑤在自己目前的工作或生活中，83.53%的获奖同学认为自己把分散的资源整合起来去实现个人或团队的发展目标的能力得到了提升。⑥87.45%的获奖同学认为自己在工作或生活中与别人交流时，理解别人的想法的能力得到了提升。⑦88.63%的获奖同学认为自己在工作或生活中，更加乐意主动帮助别人。⑧93.73%的获奖同学认为自己在团队中，包容他人，更乐于同他人一起合作解决难题的能力得到了提升。⑨在自己的工作或学习中，95.69%的获奖同学认为自己更加关注团队共同发展。

5.2 大广赛创新创业对策建议

5.2.1 进一步加强大学生遇到困难不再畏惧的创业人格品质的训练

在未来的大广赛中，学校应该进一步加强同学遇到困难不再畏惧的创业人格品质训练。本次调查发现，16.47%的获奖同学认为遇到困难不再畏惧的人格品质未能得到明显改善。目前的大学生大多是独生子女，由于成长环境的特殊性，通常遇到的顺境比较多，遇到困难大多数均由父母代为解决了，从未来创新创业发展看，在大广赛竞赛指导训练中，导师应该将遇到困难不再畏惧的人格品质训练融入指导过程中。

5.2.2 进一步加强大学生敢于承担革新失败及风险的意识训练

在未来的大广赛中，学校应该进一步加强同学敢于承担革新失败后所带来的风险的意识训练。本次调查发现，13.33%的获奖同学认为敢

于承担革新失败后所带来的风险的意识未能得到明显改善。创新与失败是孪生兄弟，有创新就会有失败。创新必须有担当失败风险的意识，正确认识风险本质，以积极的态度对待创新失败的风险对大学生未来成长十分重要。

5.2.3 进一步加强大学生勇于承认自己的错误且知错就改的品格训练

在未来的大广赛中，学校应该进一步加强同学有勇气承认自己的错误，且知错就改的创新品格训练。本次调查发现，11.76%的获奖同学认为有勇气承认自己的错误，且知错就改的品格未能得到明显改善。人都会犯错误，创新应该允许犯错误。知错就改也是为人重要的品格。人非圣贤，孰能无过？过而能改，善莫大焉。很多大学生爱面子，即便发现错了，碍于情面，不愿意主动承认错误，甚至依然坚持自己的错误观点。

5.2.4 进一步加强大学生即使面对很多不确定因素也能想出好的方法和创意的能力训练

在未来的大广赛中，学校应该进一步加强同学即使面对很多不确定因素也能想出好的方法和创意的能力训练。本次调查发现，11.37%的获奖同学认为即使面对很多不确定因素也能想出好的方法和创意的能力训练的能力未能得到明显改善。一个人是否能够成功，不仅要靠努力，还要学会坚持。最重要的是要善于创造时机，把握时机。不犹豫、不退缩、不观望、不因循守旧，要有不断尝试的勇气。

5.2.5 进一步加强大学生发现工作或生活中存在的关键问题的能力训练

在未来的大广赛中，学校应该进一步加强同学发现工作或生活中存在的关键问题的能力训练。本次调查发现，11.76%的获奖同学认为发现工作或生活中存在的关键问题的能力未能得到明显改善。对于好的执行者来说，在工作中要想提高效率，还需要学会见微知著，善于运用系统思维，在烦琐的事情中抓住关键问题。在创意训练中，导师会指导学生抓住产品和品牌的主要诉求进行创意，主要诉求就是关键点。工作和生活中也是如此，抓重点就是找处理问题的抓手，去伪存真，把复杂问题简单化。

5.2.6 进一步加强大学生敢于直接表达自己不同的看法的品格训练

在未来的大广赛中，学校应该进一步加强同学敢于对上级或导师的观点提出不同的看法的品格训练。本次调查发现，19.61%的获奖同学认为敢于对上级或导师的观点提出不同看法的能力未能得到明显改善。我们的教育体制，在训练学生批判思维、鼓励学生勇敢地提出问题等方面做的远远不够。出于中国的风俗习惯，在工作中提出与领导不同的建议就更加困难。担心领导不高兴，担心领导打击报复等。所以创新过程中，即便有自己不同的看法也不敢主动表达。

5.2.7　进一步加强大学生更好地带领他人一起攻坚克难的能力训练

在未来的大广赛中，学校应该进一步加强同学能够更好地带领他人一起攻坚克难的能力训练。本次调查发现，13.33%的获奖同学认为能够更好地带领他人一起攻坚克难的能力未能得到明显改善。积极发扬开拓进取精神就是要有攻坚克难的勇气，创新创业不可能一帆风顺，唯有鼓起攻坚克难的勇气，不断进取，百折不挠，才能攻克前进路上的拦路虎。

5.2.8　进一步加强大学生社会交往及社会关系网络建设能力的训练

在未来的大广赛中，学校应该进一步加强大学生社会交往及社会关系网络建设能力的训练。本次调查发现，34.51%的获奖同学认为大学生社会交往及社会关系网络建设能力未能得到明显改善。中国是一个关系型社会，每个人都有自己的圈子，俗称"圈子文化"。国内外都一样讲究"关系"，有人还总结出社会关系就是第一生产力，只是国内外"关系"的表现方式不同而已。社会关系网络是不断变化的，对于个人情况，怎么维护和发展自己的社会关系是自己的选择，也是影响自己在社会中如何发展的重要因素。提升大学生社会关系网络建设能力，应该着重加强大学生的沟通能力、互相关心能力等方面的训练。

5.2.9 进一步加强大学生资源整合去实现个人或团队发展目标的能力训练

在未来的大广赛中，学校应该进一步加强大学生将资源整合去实现个人或团队的发展目标的训练。本次调查发现，16.47%的获奖同学认为把分散的资源整合起来去实现个人或团队的发展目标的能力未能得到明显改善。团队协作能力是建立在团队的基础之上，发挥互补互助以达到团队更高工作效率的能力。对于团队的成员来说，不仅要有个人能力，更需要有在不同的位置上各尽所能、与其他成员协调合作的能力。如果团队的每位成员，都主动去发现其他成员的积极品质，那么团队的协作就会变得很顺畅，工作效率就会提高。提升大学生的团队协调能力，应该着重加强大学生的包容性、谦虚性、平等性、共享性等训练。

参考文献

［1］ MURPHY A E. Richard cantillon: entrepreneur and economist ［M］. Oxford: Clarendon Press, 1987.

［2］ BARNEY J. Firm resources and sustained competitive advantage ［J］. Journal of Management, 1991, 17 (1): 99-120.

［3］ BAUM J R, LOCKE E A. The relationship of entrepreneurial traits, skill, and motivation to subsequent venture growth ［J］. Journal of Applied Psychology, 2004, 89 (4): 587-598.

［4］ WRIGHT P M, DUNFORD B B, SNELL S A. Human resources and the resource based view of the frim ［J］. Journal of Management, 2001, 27 (6): 701-721.

［5］ BRUSH C G, GREENE P G, HART M M, et al. From initial idea to unique advantage: the entrepreneurial challenge of constructing a resource base ［J］. Academy of Management Executive, 2001, 15 (1): 64-78.

［6］ CASON T N. Call market efficiency with simple adaptive learning ［J］. Economic Letters, 1992, 40 (1): 27-32.

［7］ COOPER A C, WOO C Y, DUNKELBERG W C. Entrepreneurship and the initial size of firms ［J］. Journal of Business Venturing, 1989, 4 (5): 317-332.

［8］ DOLLINGER M J. Entrepreneurship： strategies and resources ［M］. Boston：Irwin，1995.

［9］ PAOLA D. The influence of motivations and environment on business start-ups：some hints for public policies ［J］. Journal of Business Venturing，1989，4（1）：11-26.

［10］ GRANDE J，MADSEN E L，BORCH O J. The relationship between resources，entrepreneurial orientation and performance in farm-based ventures ［J］. Entrepreneurship & Regional Development，2011，23（3-4）：89-111.

［11］ HALL R. The strategic analysis of intangible resources ［J］. Strategic Management Journal，1992，13（2）：135-144.

［12］ HUBER G P. Organizational learning：the contributing processes and the literatures ［J］. Organization Science，1991，2（1）：88-115.

［13］ HULBERT S H. Structure and evolution of the rp1 complex conferring rust resistance in maize ［J］. Annual Review of Phytopathology，1997，35：293-310.

［14］ KARRA N，PHILLIPS N，TRACEY P. Building the born global firm：developing entrepreneurial capabilities for international new venture success ［J］. Long Range Planning，2008，41（4）：440-458.

［15］ KIRZNER I M. Entrepreneurial discovery and the competitive market process：an Austrian approach ［J］. Journal of Economic Literature，1997，35（1）：60-85.

［16］ KNIGHT F H. Risk, uncertainty and profit ［M］. Boston: Houghton Mifflin, 1921.

［17］ KURATKO D F, HORNSBY J S, NAFFZIGER D W. An examination of owner's goals in sustaining entrepreneurship ［J］. Journal of Small Business Management, 1997, 35 (1): 24-33.

［18］ BUSENITZ L W, BARNEY J B. Differences between entrepreneurs and managers in large organizations: biases and heuristics in strategic decision-making ［J］. Journal of Business Venturing, 1997, 12 (1): 9-30

［19］ MAN T W Y, LAU T. Entrepreneurial competencies of SME owner/managers in the Hong Kong services sector: a qualitative analysis ［J］. Journal of Enterprising Culture, 2000, 8 (3): 235-254.

［20］ MAN T W Y, LAU T, CHAN K F. The competitiveness of small and medium enterprises: a conceptualization with focus on entrepreneurial competencies ［J］. Journal of Business Venturing, 2002, 17 (2): 123-142.

［21］ MAN T W Y, LAU T, CHAN K F. Home-grown and abroad-bred entrepreneurs in China: a study of the influences of external context on entrepreneurial competencies ［J］. Journal of Enterprising Culture, 2008, 16 (2): 113-132.

［22］ MURPHY G B, TRAILER J W, HILL R C. Measuring performance in entrepreneurship research ［J］. Journal of Business Research, 1996, 36 (1): 15-23.

［23］ MUZYCHENKO O. Cross-cultural entrepreneurial competence in

identifying international business opportunities ［J］. European Management Journal, 2008, 26（6）: 366-377.

［24］NEWBERT S L, GOPALAKRISHNAN S, KIRCHHOFF B A. Looking beyond resourees: exploring the importance of entrepreneurship to firm-level competitive advantage in technologically intensive industries ［J］. Technovation, 2008, 28（1-2）: 6-19.

［25］OLSON P D, BOSSERMAN D A. Attributes of the entrepreneurial type ［J］. Business Horizons, 1984, 27（3）: 53-56.

［26］DRUCKER P F. Managing in turbulent times ［M］. New York: Harper & Row Publishers, 1980.

［27］RASMUSSEN L B, NIELSEN T. Entrepreneurial capabilities: is entrepreneurship action research in disguise? ［J］. AI & Society, 2004, 18（2）: 100-112.

［28］RASMUSSEN E, MOSEY S, WRIGHT M. The evolution of entrepreneurial competencies: a longitudinal study of university spin-off venture emergence ［J］. Journal of Management Studies, 2011, 48（6）: 1314-1345.

［29］SOLOW R M. Technical change and the aggregate production function ［J］. The Review of Economics and Statistics, 1957, 39（3）: 312-320.

［30］ROBICHAUD Y, EGBERT M, ROGER A. Toward the development of a measuring instrument for entrepreneurial motivation ［J］. Journal of Developmental Entrepreneurship, 2001, 6（2）: 189-201.

[31] RULE E G, IRWIN D W. Fostering intrapreneurship: the new competitive edge [J]. Journal of Business Strategy, 1988, 9 (3): 44-47.

[32] SCHUMPETER J A. Capitalism, socialism and democracy [M]. New York and London: Harper & Brothers Publishers, 1942.

[33] SCHUMPETER J A. The theory of economic development [M]. New Brunswick: Transaction Publishers, 1982.

[34] SHANE S, VENKATARAMAN S. The promise of entrepreneurship as a field of research [J]. Academy of Management Review, 2000, 25 (1): 217-226.

[35] TIMMONS J A, SPINELLI S. New venture creation: entrepreneurship for the 21st century [M]. 5th ed. Boston: McGraw-Hill International Edition, 1999.

[36] THOMPSON J L. The facets of the entrepreneur: identifying entrepreneurial potential [J]. Management Decision, 2004, 42 (2): 243-258.

[37] VENKATRAMAN N, RAMANUJAM V. Measurement of business performance in strategy research: a comparison of approaches [J]. The Academy of Management Review, 1986, 11 (4): 801-814.

[38] VESPER K H. New venture strategies [M]. Englewood Cliffs, NJ: Prentice Hall, c 1990.

[39] WERNERFELT B. A resource-based view of the firm [J]. Strategic Management Journal, 1984, 5 (2): 171-180.

[40] WILSON H I M, APPIAH-KUBI K. Resource leveraging via net-

works by high-technology entrepreneurial firms ［J］. The Journal of High Technology Management Research, 2002, 13 (1): 45-62.

［41］ZAHRA S A, ABDELGAWAD S G, TSANG E W K. Emerging multinationals venturing into developed economies: implications for learning, unlearning, and entrepreneurial capability ［J］. Journal of Management Inquiry, 2011, 20 (3): 323-330.

［42］AUTIO E, KEELEY R H, KLOFSTEN M, et al. Entrepreneurial intent among students of technology: testing an intent model ［C］. Babson College-Kaufmann Foundation Entrepreneurship Research Conference, ［1997］.

［43］BULL I, THOMAS H, WILLARD G. Entrepreneurship: perspectives on theory building ［M］. //COOPER A C, AMIT R. Challenges in predicting new venture performance. London: Pergamon, 1995.

［44］万建香. 高校创业教育对中部崛起绩效评价体系研究——基于江西实证研究 ［J］. 江西财经大学学报, 2007 (3): 117- 121.

［45］牛长松, 菅峰. 创业教育的兴起、内涵及其特征 ［J］. 高等农业教育, 2007 (1): 25-29.

［46］王秀梅. 工科高校创新人才培养及评价研究 ［D］. 保定: 华北电力大学, 2008.

［47］尹苗苗, 蔡莉. 创业能力研究现状探析与未来展望 ［J］. 外国经济与管理, 2012, 34 (12): 1-11, 19.

［48］王浩宇. 资源整合、创业学习与新创企业创新的关系研究 ［D］. 长春: 吉林大学, 2017.

［49］叶平．"创新教育"解析［J］．教育研究，1999（12）：3-8.

［50］叶玲春．大学科技园绩效评价指标体系研究［J］．中国集体经济，2017（33）：37-38.

［51］吉云，白延虎．创新能力、不确定性容忍度与创业倾向［J］．科研管理，2018，39（S1）：226-235.

［52］买忆媛，姚芳．创业者先前技术经验对创业企业创新活动的影响［J］．科学学与科学技术管理，2010，31（9）：184-189.

［53］刘冰欣．创业资源、创业机会开发与新创企业成长关系研究［D］．宁波：宁波大学，2017.

［54］刘助柏，梁辰．知识创新学［M］．北京：机械工业出版社，2005.

［55］任泽中．构建"纵横有道"的大学生创新创业能力培育体系［J］．中国高等教育，2016（12）：60-62.

［56］任泽中，左广良．大学生创业资源协同模式研究［J］．高校教育管理，2017，11（2）：49-56.

［57］吕贵兴．高校创业教育评价指标体系构建研究［J］．潍坊学院学报，2010，10（1）：137-139.

［58］刘帮成，王重鸣．国际创业模式与组织绩效关系：一个基于知识的概念模型［J］．科研管理，2005（4）：72-79.

［59］孙春玲，张梦晓，赵占博，等．创新能力、创新自我效能感对大学生自主创业行为的影响研究［J］．科学管理研究，2015，33

（4）：87-90.

[60] 朱素阳．基于战略导向的高校创业教育柔性绩效评价体系研究 [J]．创新创业理论研究与实践，2019，2（22）：4-6，9.

[61] 刘常勇．创业管理的 12 堂课 [M]．北京：中信出版社，2002.

[62] 谷力群．论大学生创业精神的培养 [D]．沈阳：辽宁大学，2013.

[63] 马歇尔．经济学原理 [M]．彭逸林，王威辉，商金艳，译．北京：人民日报出版社，2009.

[64] 李亚员．当代大学生创业现状调查及教育引导对策研究 [J]．教育研究，2017，38（2）：65-72.

[65] 杨亚丽，杨剑．基于 BSC 的大学生创新创业绩效评价指标体系研究 [J]．应用型高等教育研究，2017，2（4）：44-48，53.

[66] 李宏彬，李杏，姚先国，等．企业家的创业与创新精神对中国经济增长的影响 [J]．经济研究，2009，44（10）：99-108.

[67] 李时椿，刘冠．关于创业与创新的内涵、比较与集成融合研究 [J]．经济管理，2007（16）：76-80.

[68] 余绍忠．创业资源、创业战略与创业绩效关系研究——基于不同环境及组织结构的调节机制 [D]．杭州：浙江大学，2012.

[69] 张凯亮．基于工匠精神培育的大学生创新创业能力提升研究 [J]．教育理论与实践，2017，37（12）：21-23.

[70] 张凯竣，雷家骕．基于成就目标理论的大学生创业动机研究

［J］．科学学研究，2012，30（8）：1221-1227，1280.

［71］杨俊．创业过程研究及其发展动态［J］．外国经济与管理，2004（9）：8-12.

［72］苏海泉，王洋．基于平衡计分卡的高校创业教育绩效考核［J］．重庆高教研究，2015，3（6）：33-39.

［73］杨晓慧．中国大学生就业创业发展报告：2013—2014［M］．北京：人民出版社，2015.

［74］李硕．基于战略视角的创业资源与创业绩效关系研究［D］．长春：吉林大学，2014.

［75］张澍军，王占仁．作为理念和模式的创新创业教育［N］．光明日报，2013-03-14（11）.

［76］陈震红，董俊武．创业机会的识别过程研究［J］．科技管理研究，2005（2）：133-136.

［77］林文伟．大学创业教育价值研究［D］．上海：华东师范大学，2011.

［78］林嵩，张帏，林强．高科技创业企业资源整合模式研究［J］．科学学与科学技术管理，2005（3）：143-147.

［79］林嵩．创业资源的获取与整合——创业过程的一个解读视角［J］．经济问题探索，2007（6）：166-169.

［80］赵文红，李秀梅．资源获取、资源管理对创业绩效的影响研究［J］．管理学报，2014，11（10）：1477-1483.

［81］胡文静．我国中小企业成长动态分析——基于创业资源获取

与整合视角 [J]．现代商贸工业，2011，23（7）：5-6.

[82] 段成芳．培养大学生创新能力的教学管理改革——以"挑战杯"为个案的研究 [D]．长沙：湖南农业大学，2005.

[83] 胡吉良，陈慧群，刘丁慧．新常态下大学生创新创业资源整合问题研究——以企业资源基础理论为分析视角 [J]．卫生职业教育，2018，36（3）：10-12.

[84] 姚梅芳，郑雪冬，金玉石．基于 Kaplan-Norton BSC 法的高科技网络及软件创业企业绩效评价体系研究 [J]．工业技术经济，2004（6）：103-105.

[85] 姚梅芳，黄金睿，张旭阳．基于关键创业要素的生存型创业绩效评价研究 [J]．管理现代化，2008（4）：16-18.

[86] 高日光，孙健敏，周备．中国大学生创业动机的模型建构与测量研究 [J]．中国人口科学，2009（1）：68-75，112.

[87] 高红文，陈清文．国外数据监管研究综述及启示 [J]．图书馆学研究，2013（10）：2-4，27.

[88] 顾桥．中小企业创业资源的理论研究 [D]．武汉：武汉理工大学，2003.

[89] 高晓杰，曹胜利．创新创业教育——培养新时代事业的开拓者——中国高等教育学会创新创业教育研讨会综述 [J]．中国高教研究，2007（7）：91-93.

[90] 唐琪，顾建平．企业家灵性资本与自我效能感对创业绩效的作用 [J]．企业经济，2016（9）：111-117.

［91］唐靖，姜彦福．创业能力的概念发展及实证检验［J］．经济管理，2008（9）：51-55．

［92］郭霜飞．制度环境、创业资源对国际创业绩效的影响研究［D］．长春：吉林大学，2014．

［93］曹之然，李万明，曹娜娜．创业绩效结构的探索性研究及其理论挖掘［J］．税务与经济，2009（4）：18-23．

［94］盛巧玲．财政科技创新项目绩效审计评价指标设计及应用［J］．财务与金融，2012（3）：67-72．

［95］黄扬杰，吕一军．高校创业教育的问题与对策［J］．教育研究，2018，39（8）：81-87．

［96］曹胜利，雷家骕．中国大学创新创业教育发展报告［M］．沈阳：万卷出版公司，2009．

［97］韩力争．大学生创业动机水平调查与思考［J］．江苏高教，2005（2）：103-105．

［98］谢志远，刘巍伟．高校创业教育绩效评价体系的定量研究［J］．创新与创业教育，2010，1（6）：3-8，13．

［99］彭学兵，陈璐露，刘玥伶．创业资源整合、组织协调与新创企业绩效的关系［J］．科研管理，2016，37（1）：110-118．

［100］彭钢．创业教育学［M］．南京：江苏教育出版社，1995．

［101］葛莉，刘则渊．基于 CIPP 的高校创业教育能力评价指标体系研究［J］．东北大学学报（社会科学版），2014，16（4）：377-382．

［102］程淑华，任秋月，韩毅初．大学生创新能力与创业动机的

关系研究［J］．职业技术，2018，17（2）：16-18.

［103］彭靖里，邓艺，李建平．国内外技术创新理论研究的进展及其发展趋势［J］．科技与经济，2006，19（4）：13-16.

［104］雷朝滋．关于推进高校大学生创新创业工作的思考［J］．中国高等教育，2017（Z2）：57-60.

［105］蔡莉，柳青．新创企业资源整合过程模型［J］．科学学与科学技术管理，2007（2）：95-102.

［106］德鲁克．创新与创业精神［M］．张炜，译．上海：上海人民出版社，2002.

［107］晋浩天．解读2019 年大学生就业关键词［J］．就业与保障，2019（13）：12-13.

［108］曾照英，王重鸣．关于我国创业者创业动机的调查分析［J］．科技管理研究，2009，29（9）：285-287.

［109］曹胜利，高晓杰．创新创业教育培养新时代事业的开拓者——中国高等教育学会创新创业教育研讨会纪要［J］．中国青年科技，2007（6）：51-56.

附件：全国大学生广告艺术大赛营销策划一等奖作品选登

说明：本项目研究抽取了第1~10届全国大学生广告艺术大赛的部分获奖同学为跟踪研究对象。为了展示这些获奖学生的创新创意水平，本书附件部分展示了部分营销策划一等奖作品。因篇幅有限，并未选登视频类一等奖作品、广播类一等奖作品、平面类一等奖作品等。附件选登作品涉及作品的知识产权，经与全国大学生广告艺术大赛组委会确认，因本研究不具有商业性，组委会同意本书使用获奖作品。为此，作者对全国大学生广告艺术大赛组委会的支持表示感谢！

一、大广赛策划案类部分一等奖获奖作品介绍

1. 安庆再芬黄梅艺术剧院：创新黄梅唱响再芬

所属院校：武汉大学

指导教师：程明

作　　者：周宇博、周璐、何娅妮、陈川、黄彦钧

赛别及奖项：第2届大广赛广告策划案类一等奖

2. 武当山旅游经济特区：皇家道场，养生天堂

所属院校：南京财经大学

指导教师：乔均

作　　者：贾茹、张小柳、周康琴、朱彦潼、杜菁菁

赛别及奖项：第3届大广赛广告策划案类一等奖

3. 雀巢咖啡：第一时间，雀巢咖啡

所属院校：上海师范大学

指导教师：金定海、郑欢

作　　者：顾仁宗、施寅娇、陆佳旌

赛别及奖项：第 3 届大广赛广告策划案类一等奖

4. 环特：担当·幸福，环特太阳能广告策划案

所属院校：北京工商大学

指导教师：张翔

作　　者：姜文超、窦天骄、孟元、于淼、陈梦喆

赛别及奖项：第 4 届大广赛广告策划案类一等奖

5. 冰力克无糖含片糖：果粉有戏

所属院校：辽宁大学

指导教师：迟强、宋玉书

作　　者：项雨宸、张嘉毅、李娜、白竺鑫、陈梦齐

赛别及奖项：第 6 届大广赛广告策划案类一等奖

6. 心相印：原心

所属院校：温州大学

指导教师：李忠宽、黄良奇

作　　者：梁丹、黄栋芳、顾晨娴、钱丽园、唐英杰

赛别及奖项：第 7 届大广赛广告策划案类一等奖

7. vivo 智能手机：有 V 青年

所属院校：武汉理工大学

指导教师：钱正、黄箐

作　　者：何渊硕、高宇姗、郑垒、汪露洁、蔡畅

赛别及奖项：第 8 届大广赛策划案类一等奖

8. 世界文化遗产 平遥古城：生意人间

所属院校：长春工业大学

指导教师：邵鸿雁、杨松明

作　　者：马嘉宝、杜喆、宣建婷、朱玉多、齐奇

赛别及奖项：第 9 届大广赛策划案类一等奖

9. 爱华仕：装够了没——爱华仕营销策划案

所属院校：宜春学院

指导教师：万燕、黄华

作　　者：邱明斐、刘融荣、颜诗静、庄丹丹、邓雨轩

赛别及奖项：第 9 届大广赛策划案类一等奖

10. 娃哈哈：黑白间，感受夜

所属院校：北京印刷学院

指导教师：郭瑾

作　　者：张梦婕、郭时蔚、关健、张经伟、邵荟伊

赛别及奖项：第 10 届大广赛策划案类一等奖

二、大广赛策划案类部分一等奖作品内容展示

更多获奖作品高清展示，可扫描下方二维码。

1. 武当山旅游经济特区：皇家道场，养生天堂

一、内容提要

武当山为道教第一名山,仙山圣水名扬四海,养生天堂誉满天下,武学更是"北尊少林,南尊武当"。自明成祖朱棣伊始,历代皇帝敕封武当山为皇家道场。武当山有"峭壁上的故宫"之称,古建筑群入选《世界文化遗产名录》。历史和文化的魅力就是市场的魅力,武当山作为闻名遐迩的道教仙境,越来越成为有强大国际影响力和感召力的文化品牌,成为众多心灵的向往之地。

我们经过对大量的消费者调查分析,将武当山目标消费群定位为19~49岁、中高端收入人群。通过研究,我们认为养生旅游是武当山的战略蓝海,也是武当山把自身优势转化为经营收益的杠杆支点。为此我们提出武当山的宣传口号为"皇家道场,养生天堂",该口号在品牌情感成分上彰显了武当山的高端定位,在品牌功能成分上突出了武当山是高品质养生圣地的品牌形象。

随后我们进行了营销推广和创意设计,旨在对景点深度开发,开发精品项目,强化营销体验:清晰和统一品牌形象,树立武当山的高端高质形象;挖掘潜在消费者,进行道教养生旅游的理念普及;提高品牌忠诚度,提高消费者的重游频次。

在营销推广板块,我们把活动分为三个阶段:热身阶段(武当养生自游通、武当老子学院)、深化阶段(留学生武当交流、2010世界经济论坛"中国企业高峰会"主题晚宴、《武当风云之倚天屠龙》游戏开发)、升华和维护阶段("牵手壹基金,保护丹江口"新闻发布会、武当国际武林大会)。在创意设计板块,设计了武当山核心价值观标准色、辅助色、吉祥物、宣传、平面设计、户外广告、影视广告、网络广告,最后,我们为武当山制订了详尽的媒体计划及预算,并且把整体预算进行了合理的分配。

我们相信,这次武当山品牌推广提案的实现,会显著改变国内一线旅游景点的竞争格局,也相信武当山将朝气十足、晖光日新,一如梁任公所言"红日初升,其道大光。河出伏流,一泻汪洋。潜龙腾渊,鳞爪飞扬。乳虎啸谷,百兽震惶……前途似海,来日方长。"

壹　　内容提要

二、市场环境分析

(一)市场背景分析

1. 宗教旅游是一种以宗教朝觐为主要动机的旅游活动。

2. 在我国,非宗教信徒构成了宗教旅游的主要人群。

3. 我国"宗教旅游热"主要表现出以下特点:

(二)自身状况分析

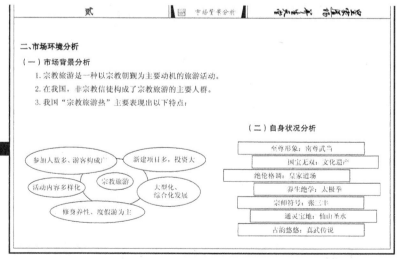

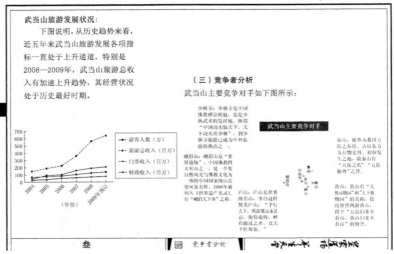

市场环境分析　　　　　　　　　　　　　　　武当山灵

武当山旅游发展状况：

　　下图说明，从历史趋势来看，近五年来武当山旅游发展各项指标一直处于上升通道，特别是2008—2009年，武当山旅游总收入有加速上升趋势，其经营状况处于历史最好时期。

（三）竞争者分析

武当山主要竞争对手如下图所示：

少林寺：少林寺是中国佛教禅宗祖庭，也是少林武术的发祥地。所谓"中国功夫惊天下，天下功夫出少林"，到少林寺旅游已成为中外旅游的热点之一。

峨眉山：峨眉山是"普贤道场"、中国佛教四大名山之一，是一个集自然风光与佛教文化为一体的中国国家级山岳型风景名胜。1996年被列入《世界遗产名录》，有"峨眉天下秀"的美称。

庐山：庐山是世界级名山，李白这样赞美庐山："予行天下，所游览山水甚富，俊伟诡特，鲜有能过之者，真天下壮观也。"

泰山：被誉为我国五岳之东岳，古以东方为万物交替、初春发生之地，故泰山有"五岳之长""五岳独尊"之誉。

黄山：黄山有"天然动物园"和"天下植物园"的美称。徐霞客曾两游黄山，留下"五岳归来不看山，黄山归来不看岳"的赞誉。

武当山主要竞争对手

叁　　　　　　　竞争者分析

肆　　　　　　　竞争者分析

武当山主要竞争对手分析：

　　下图表明，通过横向比较，武当山竞争对手的游客量、门票收入、旅游收入都是武当山的数倍，如2008年泰山、黄山、峨眉山、少林寺、庐山的游客量分别是武当山的5.72倍、2.99倍、2.78倍、3.25倍、3.15倍；门票收入分别是武当山的3.57倍、1.29倍、0.57倍、1.71倍、3.00倍；旅游收入分别是武当山的8.77倍、3.98倍、3.77倍、3.59倍、5.11倍。这说明武当山仍处于我国二线旅游景点之列，景点的深度开发不足、精品率低，因此在收益上与一线景点还有相当大的差距。

中国名山知名度分析：

　　知名度方面，武当山与调查结果中中国名山知名度的前八中的后几名相差并不大，但与泰山、黄山相差明显，这说明武当山的知名度仍有很大的增长潜力，要实现知名度的飞跃，可能还要向泰山、黄山取经，学习它们利用积攒千年的口碑效应进行有效宣传的经验。

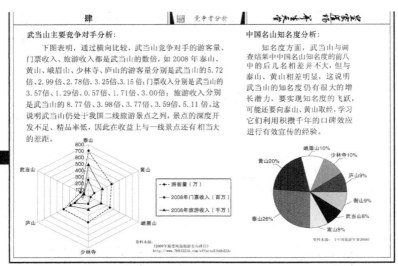

市场环境分析　　　　　　　　　　　　　　　武当山灵

市场环境分析 武当山灵

（四）消费者分析

方式：一对一问卷调查、发送电子邮件问卷调查、邮寄问卷调查

对象：2008年到武当山旅游的各省游客

时间：2009年4月至6月初

数量：发放调查问卷1000份，回收问卷935份，有效问卷为914份，有效回收率91.40%。

1.游客职业构成

企业管理人员总答卷为调查人数的24.87%，占第一位；公务员总答卷为调查人数的18.30%，占第二位；科教人员答卷为调查人数的12.36%，占第三位。

这三类游客占总调查人数的55.53%，构成了核心游客群，其高收入水平决定了此群体在旅游消费需求上，具有多元化、层次化、个性化、发展化的特性，以及以旅游服务质量为首要考虑因素，其他因素为辅的特点。

2.游客的来源地分析

武当山旅游游客来源地居前8名的地区分别是湖北省、河南省、陕西省、广东省、浙江省、北京市、江苏省、重庆市，我们选取了湖北（43%）和河南（15%）中的湖北，陕西（11%）和广东（8%）中的广东，浙江（8%）和北京（4%）中的北京，江苏（3%）和重庆（2%）的重庆，分别分布在中国东南西北中。具体见图：

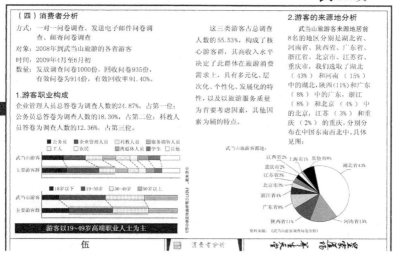

资料来源：《武当山游客调查问卷分析》

游客以19~49岁高端职业人士为主

伍 消费者分析

陆 消费者分析

3.游客旅游目的分析

以休闲/观光/度假为旅游目的的人数居多，占调查问卷总数的34.11%，列第一；以健康/疗养为旅游目的的占27.69%，列第二；以文化/体育/科技交流为旅游目的的占12.74%，列第三；其他依次是商务/会议、宗教/朝拜、其他，共占25.46%。

4.游客的旅游消费分析

武当山游客的人均消费为1090.32元；从消费支出来看，餐饮费占比第一，交通费占比第二，景区游览费占比第三，其余依次占比为购物、住宿、娱乐、其他、市内交通。

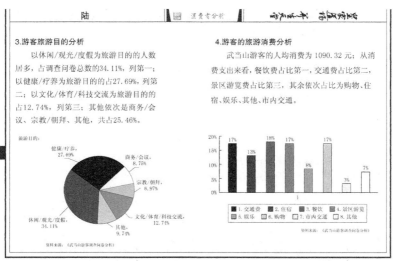

资料来源：《武当山游客调查问卷分析》

市场环境分析 武当山灵

市场环境分析 武当山灵

5.旅游方式分析

来武当山旅游的主要方式为自助游,占77.96%。

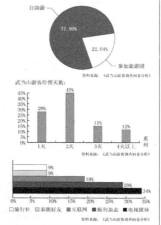

资料来源:《武当山游客调查问卷分析》

6.游客停留天数分析

接受问卷调查的游客人均过夜 2.86 天;停留天数最多的是农民、其次分别是企业管理人员、学生、离退休人员;公务员、军人、服务销售人员、科教人员、工人等。

武当山游客停留天数:

28%	45%	15%	12%
1天	2天	3天	4天以上

资料来源:《武当山游客调查问卷分析》

7.游客媒介接触分析

经调查,武当山游客媒介接触的排序是电视、报刊、互联网、亲朋好友、旅行社,分别占比34%、29%、19%、9%、9%,这就给我们有针对性地投放广告提供了重要参考。

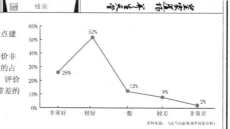

□旅行社 □亲朋好友 ■互联网 ■报刊杂志 ■电视媒体

资料来源:《武当山游客调查问卷分析》

柒 消费者分析

捌 结论

8.游客对武当山旅游业的评价

游客对武当山旅游设施、旅游环境、景点建设及旅游服务接待等方面进行了评价。

从总体上来看游客对武当山旅游业的评价非常好的占26%,评价较好的占52%;评价一般的占12%,评价较差的占8%,评价非常差的占2%;评价非常好与较好的总和为78%,评价较差和非常差的总和为10%。

26%	52%	12%	8%	2%
非常好	较好	一般	较差	非常差

资料来源:《武当山游客调查问卷分析》

(五)结论

通过对 2008 年武当山的旅游发展状况的调查,从总体上看有以下几方面特点。

游客职业构成方面: 企业管理人员、公务员等占主流,这些人更注重服务质量而非价格。

游客的来源地方面: 北京、浙江、广东等为主要客源地,且游客有较高的消费能力。

游客旅游目的方面: 休闲/观光/度假占很大比重,而商务/会议等方面也具较大市场份额。

游客的消费方面: 餐饮费占比第一,交通费占比第二,景区游览费占比第三。

游客停留天数方面: 游客的住宿需求呈刚性需求。

游客的媒介接触方面: 排序依次是电视媒体、报刊杂志、互联网、亲朋好友、旅行社。

市场环境分析 武当山灵

市场环境分析　　　　　　　　　　　　　　武当山灵

（六）SWOT分析

机会
生态养生理念的流行可以与消费文化相结合。
中高端群体崛起，追求品位：精品游、养生游、文化游市场巨大。

威胁
行业同质化竞争，无特色养生旅游的可模仿度较高。消费者对武当山道教养生旅游的认识接受还有待深入开发。

优势
成功列入《世界文化遗产名录》、皇家道场的至尊地位、武当武术、养生绝学等特色元素，易给中高端人群带来专属体验。

劣势
景点深度开发不足，精品率低，品牌忠诚度低。
品牌形象比较混乱。
企业网站杂乱。

解决方案：
（1）对景点深度开发，开发精品项目，强化营销体验。
（2）清晰和统一品牌形象，树立武当山的高端高质形象。
（3）挖掘潜在消费者，进行道教养生旅游的理念普及。

玖　　　　　SWOT分析

拾　　　　　理念篇

三、营销策略

（一）营销策略——理念篇

1.**品牌策略**：打造"皇家道场，养生天堂"的高端高质形象。

根据对消费者的调查，我们决定将品牌定位于"皇家道场，养生天堂"，用以彰显目标消费者的高端身份以及武当山是高品质养生圣地的品牌形象。因此，武当山被赋予了独特的精神——"高端、高质、高体验、高回报"。

2.**市场策略**：中高端市场为主体，低端市场为补充。

武当山目标消费群年龄一般为19~49岁、中高端收入人群，职业主要为企业管理人员、公务员、科教人员和港澳台同胞及国外游客。他们追求精神的放松、崇尚自然与和谐、对价格不敏感、注重健康养生。武当山可以通过在中高端市场塑造的良好口碑，把对武当山高品质景区的体验愿望向其他游客群体扩散。

3.**功能策略**：突出特色性，兼顾综合性。

武当山旅游产品应包括三种主要功能：
（1）休闲娱乐功能：娱乐性强、互动参与性强、文化内涵高、表现形式新颖。
（2）养生归真功能：开发诸如养生功法、SPA（温泉）森林疗法等与健康和关的旅游项目。
（3）自我发展功能：通过团队交流及自主探索去感悟道教"天地与我并生，而万物与我为一"的大和谐理念。

4.**产品和服务策略**：体验性、专属性、文化性。

武当山可以结合自身资源推广景观赏型、表演欣赏型、项目参与型等多种产品和服务形态，比如"养生白酒通""老子学院""海外学子武当交流""国际武林大会""我为太极狂"等，通过利用武当山的专属自然和人文资源，既给顾客以全新的体验经历，又为其提供了学习和交流的平台。

营销策略　　　　　　　　　　　　　　　　武当山灵

营销策略　　　　　　　　　　　　　　　　　　武当山灵

（二）营销策略——操作篇

第一阶段：热身期。

阶段目标： 通过"制造"有新闻价值的事件来进行公共关系构建，普及武当山养生旅游的理念，提高品牌识别率，强化武当山品牌在消费者心中的形象，提高武当山品牌回想率。

武当山自由通卡：

自由通卡800元　　自由通卡1000元　　自由通卡1500元　　自由通卡2000元

1.武当养生自由通

(1)活动目的： ①建成以武当山为首的，集养生休闲度假为一体的鄂西生态文化旅游圈；②制造舆论热点，宣传普及武当山养生旅游的整体形象，强化品牌回想率。

(2)活动时间： 2010年3月开始。

(3)活动内容：

①分阶段实施：

阶段一：武当山寻求政府资助，建立"自游通卡"项目，作为鄂西生态文化旅游圈的统筹战略举措之一，并且取得该项目的特许折扣发售点（项目洽谈依据点：此项活动的税后利润按8%分摊给政府作为鄂西生态文化旅游圈建设经费，共荣鄂西生态文化旅游圈，并携手湖北其他景区和旅行社、酒店、餐厅、娱乐场所联合推出湖北省各省张折扣旅游消费的"自游通卡"，联合商家主要以占据湖北省60%的旅游资源的鄂西生态文化旅游圈为主。

阶段二：联合当地各大银行，利用银联的技术，开通各签约商家的刷卡消费，实现网上支付、电话支付、刷卡消费，并享受消费优惠服务。

阶段三：开通消费积分会员优惠服务，根据积分享受不同折扣。

②具体操作：

旅游者需先行集齐武当山一套四张(武当四季展现)不同的门票，可在武当山旅游景区各授权销售点凭武当四季门票5折购买不同类型的"自游通卡"（有800元、1000元、1500元、2000元四种面值），或者直接全价购买"自游通卡"，然后凭卡在卡内的（主要是鄂西的）签约景区、酒店、餐厅、娱乐场所等享受旅游消费折扣，按与商家签订的合同上折扣，最高可达7折优惠，鄂西生态文化旅游圈内的商家消费最高可达5折优惠。

(4)活动宣传： 旅行社、报纸、网络媒体。

(5)连接内部： 组建与政府以及各大商家洽谈的专项组，并且将签约合同外包给专业的律师事务所。

拾壹　　　　　　　操作篇　　　　　　　　　　　武当山灵

拾贰　　　　　　　操作篇　　　　　　　　　　　武当山灵

2.武当老子学院

(1)活动目的： 制造新闻热点，普及武当山养生旅游的理念，利用情感营销深度挖掘目标消费者在武当山的旅游购买力。

(2)活动时间： 2010年5月至8月底。

(3)活动内容： 报名参加武当老子学院课程的学员若参加武当自游通卡活动，可享受更加优惠的价格。

①分班：

少年班：6~12岁；

颐养班：以高端职业人群及其退休父母为主，调整身心，提高生活质量；

国际班：国外游客班，以留学生为主

②课程内容设置：

文化课程：道教与音乐、道教与书法、道教与养生、道教与建筑、武当武术、武当养生茶、武当山中草药；

武术课程：武当太极拳为主。

③课程郊外活动：

武当养生茶实地赏析、中草药实地观摩、武当山建筑群实地赏析、武术招式现场观摩。

④结课：

以班为单位进行文化考核和武术考核，优胜学员将有机会获得武当老子学院的再深造机会，参加与武当山联手合作的国内外演出活动或者嘉年华表演，或者随武当山文化武术团到各地进行文化武术交流活动。

(4)活动宣传： 在5大试点城市(北京、上海、武汉、重庆、广州)——遍布全国东西南北中）的地方电视台投放武当山体验班的广告，以及在地方报纸刊登广告，邀请记者采访武当山主办方，报纸深度报道体验活动和养生的关系。

(5)连接内部： 筹建老子学院有合法教育机构资质的法律团体或者聘请律师事务所办理。

营销策略　　　　　　　　　　　　　　　　　　武当山灵

营销策略　　　　　　　　　　　　　　武当山灵

第二阶段：深化期。

阶段目标：借助国际口碑效应，以外促内，提高
武当山品牌提及率。建立品牌美誉度，深度挖掘
目标消费者在武当山的旅游购买力。

3.留学生武当交流

(1)活动目的：
向国际塑造和传播武当山"皇家道场"的形象；借助国际传播力量，
宣传武当山道教文化和武术，提高武当山国际声誉。

(2)活动时间：2010年5月中旬至9月上旬。

(3)活动内容：
与国内有相关道教文化研究的高校合作，开发国际学生道教文化武术。
交流项目，以互利共荣、促进交流为宗旨。

(4)活动宣传：各大高校网络。

(5)连接内部：组建武当国际交流部门。

留学生武当交流小旗子：

武当交流送国际友人的小礼品：

留学生武当交流海报：

拾叁　　　　操作篇

拾肆　　　　操作篇

4.2010世界经济论坛（达沃斯论坛）"中国企业高峰会"
　　　——经济危机与和谐智慧

(1)活动目的：
使"皇家道场，养生天堂"的高端品牌形象更加清晰。
通过与会高端人士的意见领袖作用，形成良好的口碑效应。

(2)活动时间：2010年9月6日。

(3)活动内容：
由北京筹资竞标高峰会主办权，北京设会场，由武当山出力筹建晚会，
以"经济危机与和谐智慧"为主题。
①邀请国内外政经界人士聚首武当，从和谐理念角度探讨摆脱经
济危机的破局之道。
②在迎宾表演上宣传武当武术、养生法、道教文化。

(4)活动宣传：网络（财经网）、杂志（《经理人》、《财经》、
《福布斯》中文版等）。

(5)连接内部：从国际交流部和宣传部等相关部门内挑选精英组建专
项组负责外联事宜。

武当山国际经济论坛中寄出的明信片
正面：

反面：

武当山国际经济论坛邮票

营销策略　　　　　　　　　　　　　　武当山灵

营销策略 武当山灵

5.游戏策划

名称：《武当风云之倚天屠龙》

类型：多人在线角色扮演

进行方式：强制剧情＋即时＋回合

主题：江湖风雨和武林真谛

剧情梗概：元朝末年，屠龙刀和倚天剑的巨大诱惑使武林中唯利是图之人不肯放过谍迷，周芷若、赵敏与张无忌之间的关系也变得扑朔迷离……

游戏模式：每个角色在游戏开始后都将进行一段强制剧情模式。强制剧情模式中含有少量的分支选项，玩家不同的选择对应着不同的结局。完成剧情模式以后，每个角色以一定的身份，为了达到各自的目标，开始自我奋斗，自我培养。

主场景：武当山。游戏将展现完整而细致的3D环境。

建筑：武当山斜45度的伪3D造型（极为流行的"上帝视角"），由手工绘制，能够看出建筑物类型。在操作上，如果能用鼠标点选建筑的方式进行一般移动，将会更方便玩家操作。

游戏示意模板：

张纪中版《倚天屠龙记》
电视剧播放同期推出的网易游戏：

拾伍　操作篇　武当山灵

拾陆　操作篇　武当山灵

开发构想：与张纪中版《倚天屠龙记》电视剧同期推出的同主题游戏，拟由国内著名的游戏代理制作公司有碧游戏全案制作并在全国统一发售。作为一款武侠类游戏，《武当风云之倚天屠龙》有着许多与众不同的地方。

(1)此游戏设计讲究武德与侠义。玩家只能以江湖规则去击败对方。故窥准强弱形势之余，摸清对手的性格对玩家也有莫大的帮助。

(2)运用人工智能。剧中角色随时会成为你的挑战者，他们不同的性格背景将影响其处事方式。

(3)玩家在该游戏中，可以欣赏武当山各处美景，体味皇家道场的博大内涵，还有机会获得武当养生秘籍。

第三阶段：升华和维护。

阶段目标：

(1)扩大传播，提升武当山美誉度。

(2)激发潜在消费者旅游消费欲望，进一步提升游客量。

(3)提高和维系武当山的品牌满意度和游客忠诚度。

(4)主要学员和会员后续跟踪服务＋媒体阶段性宣传。

6."牵手壹基金，保护丹江口"新闻发布会

(1)**活动目的：**制造新闻热点，产生舆论宣传效应，宣传和强化武当山具有强烈社会责任感的品牌形象，提高武当山品牌美誉度。

(2)**活动时间：**2010年11月2日。

营销策略 武当山灵

营销策略

武当山灵

(3) 活动内容:

围绕武当山与李连杰壹基金会联办"保护丹江口水库——举世闻名的三峡工程和南水北调中线工程水源地"的环保项目的主题,召开新闻发布会,旨在号召具有共识的企业和企业家出资捐款、加盟项目,形成长期的战略合作。正式聘请李连杰作为武当山品牌的代言人(代言人契合度分析:精通多种武术,社会责任感强烈,公众形象良好)。

(4) 活动宣传:电视新闻媒体、航空杂志、动车杂志。

(5) 连接内部:筹建壹基金环保合作项目。

7. 武当国际武林大会(武林大会三合一)

(1) 活动目的:

进行有限资源重组与合理配置,更大地发挥活动的整合优势,宣传武当、发扬中华武术精神,培养中华武术新人的爱国情怀,强化武当山品牌的社会责任感。

(2) 活动时间:2010年12月5日(少年赛从2010年9月底至11月底)。

(3) 活动内容:

①前期造势准备。

从2010年5月到6月中旬,联合5大试点城市(北京、上海、武汉、重庆、广州)的地方电视台和少年宫协办"武当国际武林大会少年赛"。

武当山灵与壹基金为公益合作伙伴:

"牵手壹基金,保护丹江口"慈善晚会示意:

拾柒　　操作篇

拾捌　　操作篇

武当山武林大会奖杯示意

武当山国际武林大会模拟

奖项设置:每个赛区分别选出探花、榜眼、状元各1名,分别获取由武当山颁发的武术等级奖学金三等(探花)300元,二等(榜眼)500元,一等(状元)1000元,5个赛区共15名获胜者,在各赛区接受为期约一个月的武当武术特训后,在2010年7月中旬到武当山进行最后角逐,得出总决赛的探花、榜眼、状元各1名,同时有机会参加武当老子学院武术助学基金项目,同时15名获胜者都会得到8月底举行的武当国际武林大会的出演机会。

②活动开锣:

给国内外各武术团体广发英雄帖,武当论剑;

邀请当世武侠大家现场造势;

邀请知名舞蹈组合和流行歌手,参加开幕式;

开幕式节目中宣传武当武术、养生法、医药、道教音乐等;武当老子学院的武状元、武榜眼、武探花等亮相并登台演示。

(4) 活动宣传:通过"武当国际武林大会少年赛"来达到扩大活动声势,同时提高武当山的皇家道场形象的提及率,联合电视台,充分发挥电视台的传播力量,达到互利共赢的效果。

(5) 连接内部:组建国际交流部的武术俱乐部联系组和国内宣传部门。

营销策略

武当山灵

133

创意设计

武当山灵

四、创意设计

（一）VI基本元素

（VI 系统应用部分已分散在各活动中展示）

武当山核心价值观标识设计说明：

采用中国书法，沉着典雅，笔拙气清，字体险峻崛崛，仪态万方，传达出深厚的文化底蕴和武当山皇家道场与养生之地相统一。

武当山核心价值观标识标准色：

标准色是传达武当山核心价值观的重要因素。选用黑色作为标准色，沉着大气而且简洁明快，富于文化气息，符合道教文化传统。

标识在印刷时的色值为 K100，主要用于平面载体，如户外平面广告，宣传册页，信纸等。

皇家道场 养生天堂

PANTONE   BLACK
Process K/100
R/0, G/0, B/0

拾玖   VI 基本元素

贰拾   标识辅助色

主要辅助色：

皇家道场 养生天堂

PANTONE Warm Gray IC
Process   K/6
R/240, G/240, B/240

其他辅助色：

专色 金 PANTONE 873C
          R/180, G/112, B/181

PANTONE Cool Gray 10C
Process K/60
R/102, G/102, B/102

PANTONE 293C
Process C/10 M57
R/11, G/68, B/240

PANTONE 681C
Process C/50, M/100, Y/100, K/30

（二）武当山核心价值观标识辅助色展示

为使武当山核心价值观标识应用中富于变化，特制定辅助色系配合使用。在特殊背景，特殊材料，或特定要求下，可以使用反白，印烫金银，凹凸等效果。

创意设计   武当山灵

创意设计

（三）武当山吉祥物展示

为使武当山的形象规模化、国际化，特设计吉祥物（可做成吉祥娃娃等）丰富武当山的形象，提高武当山知名度和美誉度。

设计原理：

（1）利用张三丰的卡通形象，吸引少年儿童。

（2）利用其年老的养生姿态吸引广大老年人。

（3）利用其典型的太极姿势（中国功夫）吸引国际友人。

手机挂链：

代表吉祥如意，健康长寿。

以意导动　　　心静体松　　　柔中寓刚

轻灵沉着　　　圆活连贯　　　呼吸自然

贰拾壹　　　　　　吉祥物设计

贰拾贰　　　　　　平面展示

（四）创意设计之平面展示

武当山少儿班招贴海报　　四季门票展示　　留学生武当交流海报　　武当山养生宣传海报

创意设计

创意设计

武当山灵

（五）户外广告展示

五个试点城市的机场高速两侧的户外平面广告。
创意表现：利用李连杰作名人代言吸引眼球。

地铁站互动广告

创意表现：利用等地铁的时间（通常为 1~5 分钟）
让等地铁的人模仿张三丰的姿势，单脚站立在地
面上的脚印处，看其能站立几分钟。

公交车站牌互动广告

创意表现：过路行人可以从站牌里边取出扇子，
提高武当山的知名度和美誉度。

贰拾叁　　户外广告

贰拾肆　　影视作品

五、影视作品展示

1.影视作品一（15秒）：

画面1：李连杰或张三丰卡通形象气聚丹田，运动使出武当太极
招式。
画面2：一个气团应招冲出，幻化成一幅幅武当山风景画面。
画面3：风景名称1。
画面4：风景名称2。
画面5：风景名称3。
画面6：风景名称4。
画面7：风景名称5。
画面8：风景名称6。
（每一个风景镜头处理：山远到近，山小到大，由朦胧到清晰。）
画面9：广告语"皇家道场，养生天堂"与"武当山灵"Logo。

2.影视作品二（15秒）：

用一老者的声音叙述景色绝美的武当山：武当山古建
筑群的宫阙庙宇体现了中国元、明、清三代世俗和宗教
建筑的艺术成就。武当山风景如画，云雾缭绕，是养生
和学习中国传统文化的好去处。

影视作品展示

武当山灵

媒介计划　　　　　　　　　　　　　　　　　　　武当山灵

六、媒介计划

（一）媒体目标

1.广告目标：

统一武当山品牌形象，传达标识性体验。

提升在核心市场的知名度。

2.媒体计划目标：

广告投放对象到达率为83%，有效到达率为70%，接触频次达到3～5次。

3.全国主要投放区域

主要媒介投放区域：

湖北省、河南省、陕西省、

广东省、浙江省、北京市、

江苏省、重庆市。

（二）媒体组合

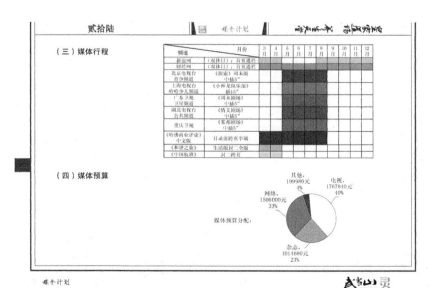

贰拾伍　　　　　媒介计划

贰拾陆　　　　　媒介计划

（三）媒体行程

（四）媒体预算

媒体预算分配：

媒介计划　　　　　　　　　　　　　　　　　　　武当山灵

137

媒介计划　　　　　　　　　　　　　　　　武当山灵

平面媒体	支持理由	类型、时间、版面	价格
《商务之旅》	可以实现对城际商务客行人上精准投放	动车杂志（月刊）3月和4月版；生活版封二全版	168000×2-336000（元）
《中国航班》	可以对移动商务人士进行广泛覆盖	航空杂志（月刊）3月和4月版；封二跨页	178000×2-356000（元）
《哈佛商业评论》中文版	针对商界策略群体进行品牌宣传，为武当带来丰厚口碑效应	杂志（月刊）3、4、8月版；目录部跨页平装	107560×3-322680（元）

杂志媒体预算总计：1014680元

电视媒体	支持理由	类型、时间、版面	价格
北京电视台青少频道《探索》周末版	收视时间17:40，青少年受众群收视高峰期	电视广告（周六、周日）5、6、7、8月；中插16″	6300×32-201600（元）
上海电视台哈哈少儿频道《小神龙俱乐部》	周一至周五17:00播出，本少儿有强强收视黏度	电视广告（周一至周五）5、6、7、8月；中插16″	5800×80-464000（元）
广东卫视频道《周末剧场》	双休日14:30播出，家长和少儿较为喜爱	电视广告（周六、周日）5、6、7、8月；中插5″	15695×32-502240（元）
湖北电视台公共频道《情义剧场》	家庭剧较多，全家看	电视广告（日播）5、6、7、8月；中插5″	900×120-108000（元）
重庆卫视《零都剧场》	晚八点半黄金时段，地方剧较多	电视广告（日播）5、6、7、8月；中插5″	4100×120-492000（元）

电视媒体预算总计：1767840元

网络媒体	支持理由	类型、时间、版面	价格
新浪网	针对白领、精英等社会主流群体	3、4、8、9、10、11、12（周日）；首页按钮	45000×28-1260000（元）
财经网	针对财经网络大商务群受众，特别是年轻一代创富群体	3、4、8、9、10月（周六、周日）；首页通栏	6000×40-240000（元）

网络媒体预算总计：1500000元

媒体预算总计：1014 680+1767840+1500000+199980（机动费用）=4 482500（元）

（五）整体预算

　　"皇家道场、问道武当"的策划案是以2010年为策划年，因此以2010年预测数据根据从2006—2008年3年武当山的总收入（分别约为2.21亿元、2.5亿元、2.8亿元）、广告宣传费用（分别约为600万元、800万元、1000万元）和旅客人流量（分别约为84.31万人次、100万人次、150万人次）的总体情况得出，总收入的平均增长率约为12.5%，广告宣传费用的平均增长率约为29%，而在2006—2008年广告费用占总体收入的比率分别为2.7%、3.2%、3.6%，平均比率约为3.17%；旅客人流量的平均增长率约为34.3%，但由于增长率呈现出激增现象，不能单纯以平均增长率作为预测根据，因此应把旅客人流量增长率的速率也作为考虑因素，以及考虑金融危机和物价指数的影响。

　　综上所述，经过修正，预测2010年武当山的总体收入约为3.50亿元，广告宣传费用约为1386.8万元，295万人次。同时根据2007年和2008年两年武当山的宣传费用在营销活动和广告两者的费用分配情况，以及结合宣传的有效可行性以及宣传效率和效果的综合判断，将13868000元的宣传费用分为营销活动总费用约为8668000元，广告宣传总费用4600000元，其他开支费用为600000元。

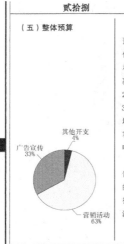

其他开支 4%
广告宣传 33%
营销活动 63%

媒介计划

整体预算明细：

类型	项目	开支内容	费用（单位：元）	合计（单位：元）
媒介策划	项目前期费	交叉检索	4 200	26 000
	项目前期费	实地调查	15 000	
	项目前期费	研究分析	6 000	
	项目前期费	咨询	14 000	
	项目宣传费	会展	56 000	
	项目宣传费	亲子学院教育机构宣传	500 000	604 000
	项目宣传费	向社会各界告知促销活动	30 000	
	项目宣传费	自驾游车贴制作费	4 000	
	营销活动	精英门票	653 000	8 038 000
	营销活动	养生自助游	812 000	
	营销活动	国学学习文化	396 000	
	营销活动	太子学院	2 829 000	
	营销活动	中国论今高峰会	483 000	
	营销活动	环保旅游宣传发动	2 835 000	
	营销活动	国际武林大会		
广告制作费	广告制作费	电视	9 300	27 900
	广告制作费	杂志	8 600	
	广告制作费	网络	6 600	
	广告制作费	其他	3 200	
	广告制作费	印刷物	11 700	89 600
	广告制作费	工资	31 000	
	广告制作费	其他	37 300	
	广告投放费	电视费	9 600	
	广告投放费	杂志	1 767 340	4 482 500
	广告投放费	网络投放	1 014 680	
	广告投放费	机场投放	1 500 000	
	广告投放费	其他	199 900	
其他项目费用	公关宣传费	与宣传和广告相结合	290 000	290 000
	服务费用		80 000	80 000
	监督费用		110 000	110 000
	其他机动费用		75 000	75 000
	机动费用		45 000	45 000
	总计		13 868 000	13 868 000

*有关户外广告与POP卖点广告等媒体租金已经整合到相关营销活动费用中。游戏开发费用由赞助商和承办方分摊。

贰拾玖　　　整体预算明细

2. 娃哈哈：黑白间，感受夜

黑白间，感受夜
——娃哈哈熬夜饮品新品策划

139

引言

夜幕降临，
一个个忙碌的身影穿梭于街区之间。
被黑夜笼罩的城市，
角落里散发着点点光芒，
是星星散落在这城市的梦。
挑灯夜战，伏案倦怠，
黑白交错，在夜的侵蚀中为你保驾护航。
你在夜中实现未来，
我在夜中陪伴关怀。
黑白间，感受夜。

2

3

华灯初上

—— 市场调研

行业大观；自身写真；竞争剖析；群体画像

1

行业大关

宏观环境分析

人们生活水平提高，追求更高生质量。

人们健康意识提高，对功能性饮料关注度增加。

经济 —— 社会 —— 消费观念

生活节奏快，课业压力大，熬夜人群逐渐增加，需求上升。对多样化的饮料种类接受度高。

中国饮料行业市场分析

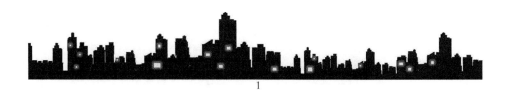

其他2%
运动及功能饮料10%
包装水27.6%
即饮茶22.5%
即饮咖啡1.4%
果汁19%
碳酸饮料17.5%

中国饮料行业市场占比

销量增速   销售额增速
中国饮料细分行业增速

□ 近几年饮料行业中，占主要地位的是包装水、碳酸饮料、果汁和即饮茶，运动及功能饮料占比较少，但近两年运动及功能饮料销售量的增速排名靠前，说明运动及功能饮料在未来饮料行业中发展前景看好。

功能性饮料行业市场分析

2012—2018年中国功能饮料零售额统计情况（亿元）

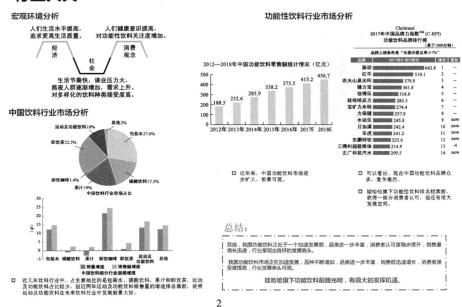

	2017年C-BPI指分	排名	变化
脉动	642.8	1	—
红牛	510.1	2	—
农夫山泉尖叫	379.9	3	—
健力宝	361.8	4	—
佳得乐	318.0	5	—
娃哈哈启力	285.5	6	—
宝矿力水特	274.4	7	—
力保健	257.0	8	—
水动乐	245.8	9	new
日加satisfrange	242.4	10	new
乐虎	241.2	11	new
东鹏特饮	225.6	12	new
三得利超级维体	214.9	13	-4
正广和盐汽水	209.5	14	new

Chnbrand
2017年中国品牌力指数™ (C-BPI)
功能饮料品牌排行榜
（基于1000分制）

品牌上榜条件得点"未提示提及率≥7%"

□ 近年来，中国功能饮料市场逐步扩大，前景可观。

□ 可以看出，现在中国功能性饮料品牌众多，竞争激烈。

□ 娃哈哈旗下功能性饮料排名较靠前，获得一部分消费者认可，但还有很大发展空间。

总结：

目前我国功能饮料正处于一个加速发展期，品类进一步丰富，消费者认可度稳步提升，销售量增长迅速，行业呈现出良好的发展势头。

我国功能饮料市场正在加速发展，品种不断增加，品类进一步丰富，销售总迅速增长，消费者接受度提高，行业发展势头良好。

娃哈哈旗下功能饮料前路光明，有很大的发挥机遇。

2

自身写真

品牌：娃哈哈　　　　　　　　　　　产品定位市场：植物功能性饮料

特点： 娃哈哈自己设计开发、制造模具和饮料生产装备，另外还有印刷厂、香精厂，并成功自主开发了串联机器人、并联机器人、自动物流分拣系统等智能设备，成为食品饮料行业具备自行研发、自行设计、自行生产模具、饮料生产装备和工业机器人能力的企业。

优势
- 品牌历史丰富，规模大、明星产品多，涉及饮料领域多，研发品多、设备齐全。
- 品牌形象深入人心，消费者对品牌了解度高，有助于产品推广。

劣势
- 饮料研发品类多，对于部分饮品研发专业性不高。
- 营销方式传统。

优势
- 符合当今时代保养健康为主的生活观念，消费者市场广阔。
- 种类多样，对应功能多样，满足消费者多样化的诉求。
- 顺应现代绿色发展的时代趋势，符合当今时代特征。

劣势
- 植物成分，成本较高，售价较高，容易令消费者望而却步。
- 不太符合年轻人口味，味道需要改良。
- 植物功能性饮料的市场规范还待完善，需要更成熟的市场体系。

总结：
有利于功能性饮料的研发，但是需要更专业的技术以及更符合时代潮流的营销方式。

总结：
娃哈哈作为国内著名的饮料企业，应对国内植物功能性饮料这一潜力巨大的市场进行发掘，研制符合现代年轻群体普遍需求的植物功能性饮料，既能推动国内植物功能性饮料的市场，又能为企业赢得巨大的利润。

3

尖叫　朋克　竞争剖析　养生　红牛

优
- 品牌坚持"天然、健康"的产品理念，使品牌形象深入人心。
- 该系列产品口味清淡，热量较低，符合消费者对饮料低热量的要求。它能快速补充运动后人体所需的各种物质。
- 瓶身采用运动饮料的特殊创新设计，吸引一大部分消费者尝试；保鲜封口设计保证产品质量。

劣
- 过度饮用容易产生副作用，对身体有害；不是由天然材料制成，不适于某些人群饮用。
- 价格过高，令消费者望而却步。

- 产品形象深入人心，提神类饮料的代表。作为中国消费者功能饮料的启蒙者，红牛品牌进入中国20余年始终保持着霸主地位。
- 红牛功能饮料科学地把各种功效成分融入产品之中，能够迅速补充大量的能量物质，并调节神经系统功能，从而取得补充体力、抗疲劳的卓越功效。
- 参与中国体育事业，开展体育营销。

- 它对于神经系统的刺激性比较大，长期饮用的话会出现失眠、多梦等症状。
- 一次性喝不完，不易保存。

4

群体画像

群体定位

学生　　　　　上班族　　　　自由工作者

- [ ] 无法避免熬夜的人群
- [ ] 15~30岁
- [ ] 年轻群体

群体诉求

安全性

1 作为一款植物功能性饮品,其产品自身的安全性是消费者会首要考量的主导因素,其次,本产品的目标消费群体多为希望通过本产品有效缓解身体损伤,提供持续动力的人群,因此,安全性将是目标消费群体的重点诉求。

天然性

2 消费者通常抱着健康生活、自然生活的理念选购产品,因此产品成分的天然性将左右消费者对本产品的信任程度,天然的饮品成分伴以少量的安全添加剂,最大限度将产品接近自然本身,同时也是对健康、自然生活理念的美好追求,符合消费者对健康生活的美好诉求。

5

灯火通明

—— 新品策划

新品设计；创意概述；创意周边

6

新品设计

全新植物功能性饮料

纯养、纯醒

7

创意概述

包装设计

- □ 材质：马口铁易拉罐
- □ 售价：单罐4.5元，两罐捆绑8元

- □ 在包装设计上，"纯养"与"纯醒"相呼应的白黑底反色对比，再用城市轮廓进行分割，既体现了"城市"熬夜"的产品概念，又明确地表现出了产品的不同功效。
- □ 上方的"猫头鹰瞳"代表在深夜里鞠躬尽瘁的"熬夜产品"。白色背景黑色建筑代表"纯养"能温和呵护熬夜受损身体，带你重回饱满精神；"纯醒"能一扫疲态，带你恢复活力。

创意阐释

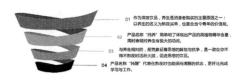

01 作为深夜饮品，养生是消费者购买的主要原因之一：以养生的名义为熬夜买单，也是合当今青年的价值观。

02 产品名称"纯养"简单明了体现出产品的高端物精华含量，同时表明对养生有极大的功效。

03 与养生相对应，所克服征着思想的解放与抗争，是一款在你不得不熬夜时也活跃兴战，促进思想的饮品。

04 产品名称"纯醒"代表在熬夜时也能保持清醒的状态，更好地完成学习与工作。

核心概念

纯醒·纯养产品成分构成，核心选择纯天然植物为主，作为一款功能性饮料，始终将产品的植物性原料选择放在首位，甄选优质植物果果原料，品质上佳。

当出现疲乏、注意力不集中、打哈欠等精神不佳状况时，植物成分发挥其自身对人体有益的刺激作用，从而缓解人体疲劳。

8

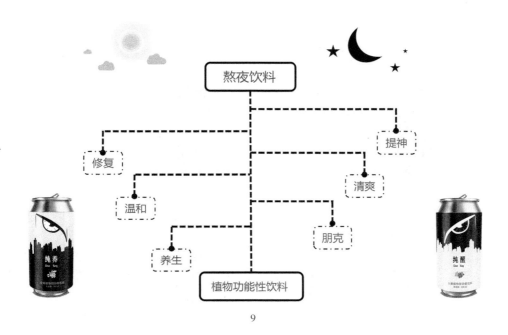

熬夜饮料

修复

提神

温和

清爽

养生

朋克

植物功能性饮料

9

滋养一刻，舒缓一刻

清醒加倍，活力加倍

蓝莓
明目

黑加仑
富含大量维生素C，酸味刺激畅爽

桑葚
滋补身心，缓解自身疲劳损伤

薄荷
口味清凉，提神醒脑

中药火麻提取物
传统中药舒缓熬夜损伤

中药火麻提取物
传统中药焕发身体新力量

养生

朋克

10

创意周边

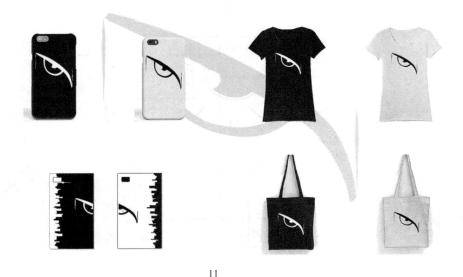

11

月明星稀

—— 营销方案

夜行侠；炯炯有神；熬夜别怕，有我陪你；
城市小夜灯

12

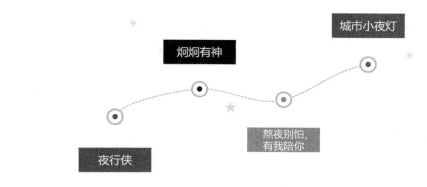

城市小夜灯

炯炯有神

夜行侠

熬夜别怕，
有我陪你

13

创意
活动策划

A pleasant surprise!

主题：夜行侠

活动简介：将两款产品比喻为白衣侠和黑衣侠，白衣侠主养生，黑衣侠主提神。
　　　　　每个人熬夜时都会有属于自己的"夜行侠"，来保护人们熬夜后的身体。
活动周期：4个月
活动性质：线上
活动地点：北京、上海、广州、深圳
活动载体：饿了么、美团外卖、百度外卖
活动目的：树立产品形象，推广产品概念，让更多目标消费者体验到产品。
活动内容：1. 与外卖平台合作，22点之后点单即送两款熬夜产品（每天每城市限量500单赠送）。
　　　　　2. 外卖平台App首页投放广告，创立"夜行侠驾到——点单即送夜饮料"活动。
　　　　　3. 百度外卖"指南"一栏投放产品相关文章，讲述熬夜危害并推荐熬夜饮料产品。

14

主题：炯炯有神

活动简介：产品包装设计上的"猫头鹰瞳"标志格外醒目，本活动将与黄油相机合作，将产品标志加入到软件贴纸中，能让更多人使用贴纸装饰自己拍摄的照片。平台本身也将结合产品功能发起对熬夜与睡眠的专题活动，让用户理性健康过好每一天，生活更加精彩。

活动周期：10~15天

活动载体：黄油相机 App

活动目的：通过贴纸形式将产品形象传播到更多的人群中，配合软件活动，扩大品牌认知度。

活动内容：1.与图片处理软件黄油相机合作，将与产品有关的贴纸加入到商店中。
2.联系官方频道的核心用户，制作并发布带有产品贴纸的图片，使关注用户初步接触到产品贴纸。
3.官方在国际睡眠日（3月21日）与国际爱眼日（6月6日）发布照片征集活动，吸引用户对相关信息进行了解，进而关注产品。

主题：熬夜别怕，有我陪你

活动简介："熬夜是什么样子的呢？"在车厢内写下你的感受吧，也许是心情很低落，也许是对老板的无声控诉，更也许是对未来的期望……熬夜别怕，有我，我会一直陪在你身边。

活动周期：10~15天

活动载体：晚班地铁车厢

活动目的：针对熬夜人群中的工作族，让他们自己书写熬夜的感受，真情实感从而引起情感共鸣，以此推广产品。

活动内容：1.将产品包装及相关设计海报放置于地铁晚班车厢内广告栏。
2.安排娃哈哈纯醒·纯养产品主题车厢，让乘客潜移默化地了解产品相关信息，得以起到推广产品的作用。
3.在车厢中放置答题板及马克笔，或是在车门处放置相关活动页面二维码，填写自己的个人信息及熬夜感受，有机会获得熬夜产品免费试用装。

15

主题：城市小夜灯

活动简介：城市小夜灯是一次覆盖全国的线上线下的互动策划活动，本活动目标人群为需要熬夜加班的上班族，活动时间由每天晚上9点开始，0点结束，在全国各大城市办公楼内的售卖机上架纯养·纯醒新产品，采取线下购买，线上微博互动的形式，赠送产品和奖金，给每一个夜晚都增添一抹温暖的亮点。

活动周期：1个月（30天）

活动地点：全国

活动性质：线上和线下

活动目的：为熬夜加班人群互相鼓励，加深产品品牌亲和度。

活动内容：1.在自动售卖机上架纯养·纯醒产品。
2.购买并扫描二维码上传与纯醒纯养产品的合影并标记城市到微博后台。
3.上传后即点亮所在城市的位置显示，每晚12点公布全国的小夜灯版图。
4.每天从参与的小夜灯中抽取一位赠送一箱纯醒纯养产品和1000元奖励金。

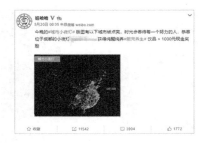

16

东方欲晓

—— 媒介和预算

媒介方案；媒介排期；传播预算

17

媒介方案

媒介目标

阶段一
由外卖App开屏广告开始，初期铺垫朋克养生品牌。

阶段二
以活动推广为主体，巩固第一阶段初步知名度，并联动强调产品功能性饮料的作用。

阶段三
刺激消费者，主打温情、刺激等对立主题，强调多元性，树立多元化的品牌形象。

媒介投放原则

互动性

准确性

针对不同熬夜人群所做的策划活动，极力强调互动性，媒介投放选择都以互动性为基础进行，调动目标群体的活动参与性，多个不同特点的熬夜人群，多点联动共同增效品牌活力。

精准性是媒介投放重要因素之一，本次投放在考虑目标消费者生活习惯的同时，考量他们的年龄，作息等因素，将投放的精准尽力精确，从而达到多效投放，形成强有力记忆点。

媒介选择

百度外卖、美团外卖
饿了么、黄油相机

公交站台广告
地铁车厢广告
写字楼楼宇广告

社会化媒体：微博、微信朋友圈广告

电视盒子（特别平台）；小米盒子
华为盒子

传统电视的新端口

18

149

媒介策略

微博、微信是大学生和白领经常使用的社交媒体，与产品针对的用户群体有高度的重合，同时，外卖App、相机、电视盒子等生活类软件逐渐成为人们必不可少的工具，在此平台上投放软广更易于被用户所接受，并提升产品形象。

媒介分析

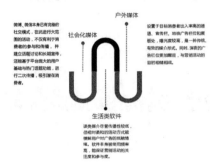

微博、微信本身已有完善的社交模式，在此进行大范围的活动，不仅有利于消费者的参与和IP传播，并建立讨论和长期宣传，还能基于平台庞大的用户基础与热门话题知晓，进行二次传播，吸引潜在消费者。

户外媒体
社会化媒体
设置于目标消费者出入率高的通道、宣传栏、地铁广告栏位和展板处，曝光度较高，是一种传统、有效的媒介形式，同时，深夜的广告栏位更加醒目，与营销活动的趣的相辅相成。

生活类软件
该类媒介尽管传播性较低，但相对柔和的活动方式能增强用户对广告的抗敏程度。软件本身被使用频率高，能保证营销活动的关注度和参与度。

媒介排期

线上：饿了么、美团外卖、百度外卖
线上：黄油相机
线下：地铁车厢广告
线上：新浪微博
线下：办公楼内售卖机

★ 最新日特别活动

传播预算

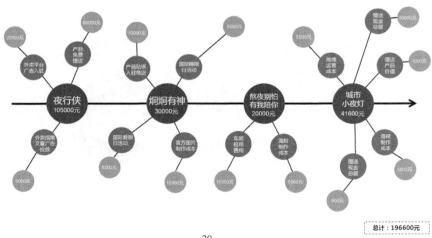

总计：196600元

3. 爱华仕：装够了没——爱华仕营销策划案

摘要

✎ 品牌

爱华仕品牌发展至今，在国内知名度较高，其中流传最广的是广告语"装得下，世界就是你的"，一直向消费者传递关于行李箱里的"世界"与梦想。

✎ 主题阐述

"装够了没"从行李箱最主要的卖点——能装出发。且语境符合现在年轻人的说话习惯，能够在年轻消费群体中引起情感共鸣。

✎ 核心策略

本案的营销推广模式以线上为主、线下为辅，结合新媒体传播，致力于推广爱华仕能装的产品卖点。活动前期通过微博话题打头阵，吸引消费者聚集，为后续活动积攒人气。中期采用漫画及地铁广告吸引消费者注意，传播产品能装的卖点。后期的冰岛旅行将活动推向高潮。

目录

01 市场分析

✓ 人民消费水平提高，用于旅游的花费增多，消费升级

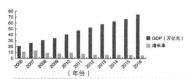

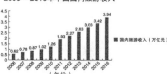

人民收入水平和消费水平均有所提高，人们用于旅游的花费快速增长，至2016年旅游消费达到3.94万亿元，消费升级。

✓ 公众出行次数增加，带动箱包行业的发展

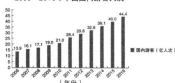

近十年来，公众旅行次数逐年增加，间接促进了箱包行业的发展。

✓ 国内箱包市场潜力大

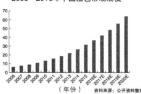

自2006年起箱包市场规模持续扩大，保守预计2020年市场规模将达63.8亿美元。箱包市场潜力大。

✓ 环境分析小结

1.随着人们收入增加，用于旅游的费用增多，带动消费升级。
2.公众旅游出行次数增加，对箱包的需求产生影响，促进了箱包行业的发展。
3.箱包市场规模不断扩大，市场潜力大。

2

产品分析

✔ 品牌知名度

41.1%的受访者表示没听过爱华仕，品牌知名度还有提升空间。

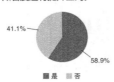

✔ 品牌美誉度

品牌美誉度较高，受访者对爱华仕的评价较高。

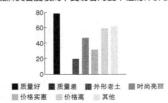

✔ 品牌联想度

80%的受访者表示提到爱华仕能想起其广告语，对广告语的印象深刻。

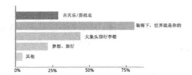

✔ 新品介绍

(1) 名称：全新环保无极系列拉杆箱。
(2) 制作材质：聚丙烯。
(3) 产品特点：
　　更安全：采用无框架卯榫一体成型技术、防水、抗压、不怕摔。
　　更轻便：材质轻盈，出行更自在。

✔ 小结

品牌美誉度、联想度较高，有利于新品导入。品牌知名度还有提升空间，后期活动可进一步提升爱华仕的知名度。

3

目标消费者：18~35岁的年轻群体

目标消费者画像：

目标消费群体特征分析

1.压力大

2.爱音乐、爱吃、爱旅游

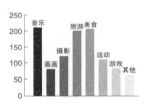

消费者分析

1.购买渠道

　　81.25%的消费者会选择在实体店购买，63.54%的消费者会选择在网店购买拉杆箱。

2.购买时机

　　83.3%的消费者在有需要的时候才会购买，54.44%的消费者会因为大小的需求购买。

4

3.主要考虑因素：外观、材质等

消费者在购买拉杆箱时较多考虑的有外观、材质、价格、容量等因素。

4.旅行的意义：放松

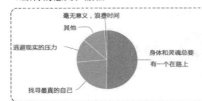

总的来说，消费者认为旅行的意义在于放松，53%的人群认为灵魂和身体总要有一个在路上，要么放松身体，要么放松心灵。

5.现在的愿望：希望工作/学习进步

超过一半的受访者表示现在的愿望是希望工作/学习进步。

消费者触媒习惯分析

1.经常接触的媒介：网络、户外等

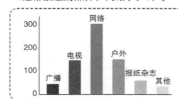

消费者经常接触的媒介有网络、户外、电视等。因此，后续在媒介的选择上应该以线上为主。

2.常用社交类App和视频类App

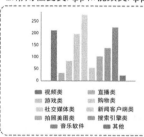

消费者使用的App以社交类、视频类和音乐类为主。在我们后面制定的宣传方案中优先选择社交类App，以求最大化的触达目标消费者。

3.对娱乐类话题和旅游出行类话题更为关注

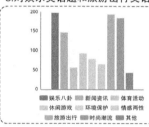

消费者对娱乐八卦类、旅游出行类和时尚潮流类话题更为关注。消费者对旅游出行类话题的关注有益于我们的后期活动的执行。

4.喜欢图文并茂、视频等的信息表现形式

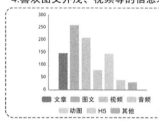

消费者对图文并茂、视频等形式的信息更感兴趣。在宣传后期，可利用消费者感兴趣的信息表现形式进行宣传。

✔小结

（1）消费者购买行李箱时更爱高颜值，崇尚个性，尚未形成品牌偏好。

（2）消费者压力大，对旅游出行类话题较为关注，释放压力的诉求较为明显。

（3）消费者常使用社交类软件，常接触的媒介为网络。

6

产品名称	新秀丽172颗粒PP材质拉杆箱	外交官镜面万向轮拉杆箱	威豹PC万向轮拉链扩展层拉杆箱
产品定位	高端	中高端	中高端
产品价格（元）	1788~2288	699~799	379~459
设计风格	青春动感	时尚、简约	简单大方
产品优势	色彩丰富，绿色环保	镜面设计，外形时尚	哑光砂面，材质坚固耐用
产品劣势	价格偏贵	易刮花	色彩单一、暗沉

小结

> 同类产品较多，竞争激烈。竞争品牌个性鲜明，但消费者尚未形成品牌偏好，后期活动应增强和消费者的联系。

市场分析总结

（1）拉杆箱品牌众多，竞争品牌个性鲜明，要想脱颖而出，需加强与消费者的互动，从而打造不一样的品牌形象。

（2）爱华仕在年轻群体中影响力较小，应从网络新媒体入手，与消费者产生互动。目标消费者释放压力的诉求明显，我们可以通过与消费者一起吐槽旅行和生活等方式帮助消费者减压，从而与目标消费者产生联系。

（3）目标消费者经常接触网络新媒体和户外媒体，所以宣传推广应集中在这两个媒介上，以达到最大限度触达目标消费者。

7

传播策略

☑ 1.传播主题

装
够了没

☑ 2.主题阐释

• 在产品功能上，"装够了没"强调的是爱华仕容量大的卖点。

• 在感情上，"装够了没"的表述方式更符合年轻群体说话习惯。

☑ 3.传播目标

• 强调爱华仕"能装"的产品定位。

• 树立爱华仕年轻化的品牌形象。

• 提高年轻群体对于爱华仕品牌的认同感。

☑ 4.策略结构

装够了没（行李箱永远装不够）
↓
就这么装（行李箱怎样更能装）
↓
装够了，就出发（装好行李箱就出发）

☑ 5.诉求点

向消费者展示爱华仕"装得下"这个卖点，和能满足消费者对行李箱"能装"的需求，从而获得消费者的认同。

9

广告策略

- → 广告目的：从语言到行动，将爱华仕能装的理念传达给消费者。

- → 广告语：装得下，世界就是你的。

- → 广告调性：幽默，轻松。

广告投放

广告形式	广告内容	广告投放
平面	装箱秘籍漫画 故事换旅行广告	新浪微博、微信
户外	"装得下"系列广告 地铁站入口广告	地铁站入口 地铁内车厢
H5	冰岛旅行报名链接	新浪微博、微信

10

活动流程

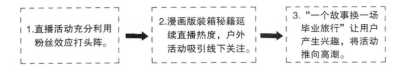

| | 1.直播活动充分利用粉丝效应打头阵。 | → | 2.漫画版装箱秘籍延续直播热度，户外活动吸引线下关注。 | → | 3."一个故事换一场毕业旅行"让用户产生兴趣，将活动推向高潮。 |

活动安排

	主题	平台	日期	活动概况
前期	装够了没	新浪微博	2018年6月10日至6月15日	发起话题#装够了没#
中期	就这么装	新浪微博、微信、地铁站入口及车厢	2018年6月16日至7月16日	漫画版装箱秘籍软文；"装得下"系列海报；地铁厢体广告
后期	装够了，就出发	新浪微博、微信	2018年6月9日至8月15日	微博开屏海报，发起话题#一个故事换一场毕业旅行#；微信H5

11

全国大学生广告艺术大赛营销策划一等奖作品选登

前期：

装够了没

活动名称：装够了没

活动时间：2018年6月10日至6月15日

活动平台：新浪微博

活动目的：通过社交媒体与目标消费者产生联系，引发目标消费群关注参与我们的话题，为后期的活动做准备。

活动概述：2018年6月10日，爱华仕官微发起微博话题#装够了没#并发布漫画，大V转发吸引网友参与话题，晒出父母在行李箱里塞过的哪些东西，引起第一波热度为后续活动做准备。

✍️➤活动执行

1.爱华仕官微在新浪微博创建话题#装够了没#，引导网友分享家长塞过最让人意想不到的行李。

12

2.爱华仕附带话题发布Q版漫画。

3.邀请微博大V附带话题转发漫画，引发网友参与讨论。

 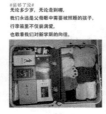 

13

中期：

装够了没？没有，那就继续装！爱华仕为您奉上独家装箱秘籍，让你的行李箱更能装！

活动名称：装箱秘籍

活动平台：新浪微博、微信、地铁站入口及车厢

活动目的：延续话题热度，推出爱华仕新品行李箱

活动时间：2018年6月16日至7月16日

活动概述：爱华仕官微发布漫画版行李箱打包秘籍，并附带话题#就这么装#，微信同步推送，同时投放地铁厢体广告及地铁车厢平面广告，吸引消费者关注。

活动执行

1.2018年6月16日，爱华仕官微发起话题#就这么装#附带漫画版装箱籍，爱华仕官方微信同步推出。

14

167

爱华仕官方微信发送装箱秘籍

2.2018年6月16日至7月16日,在一线城市地铁站投放爱华仕地铁厢体广告。

15

3.2018年6月16日至7月16日，在一线城市地铁车厢内投放品牌宣传广告，
"装得下"系列海报，进一步宣传"装得下，世界就是你的"品牌理念。

16

后期：

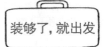

装够了，就出发

　　对于很多人来说，毕业是人生一个华丽的转折点，很多人会选择来一场毕业旅行来纪念这一段青春。而不管是从高中毕业进入大学，大学毕业进入社会，还是出门旅行。很多人都需要行李箱。这个时候行李箱市场的需求会急剧增加，在这个毕业季，毕业旅行也成为关注的热点。我们将在这段时间内通过活动"一个故事换一场毕业旅行"让爱华仕借助毕业旅行扩大知名度和美誉度，最终实现销量增加的目的。

> 活动名称：一个故事换一场毕业旅行
> 活动时间：2018年6月9日至8月15日
> 活动对象：2018届毕业生
> 活动目的：短期内提高产品销量
> 活动概述：在毕业季这个特殊的时候，毕业生可以按照要求上传一张照片配一个故事，就有机会得到一场免费的冰岛之旅作为毕业旅行。

活动流程

活动宣传： 微博开屏广告
微信H5广告
微博话题

↓

报名与人员筛选

↓

冰岛之旅

17

活动宣传

1.新浪微博开屏广告

截至2016年年底，新浪微博活跃用户突破3亿，用户整体呈现高学历、低
年龄趋势。《2016微博用户发展报告》显示，拥有大学以上学历的新浪微
博用户占比高达77.8%

时间
2018年6月9日
至6月10日

平台
新浪微博

在新浪微博投放开屏广告"一个故事换一场毕业旅行"。

（新浪微博开屏广告效果图1）　　　（新浪微博开屏广告效果图2）

18

171

2.微博话题预热

在新浪微博发起话题"一个故事换一场毕业旅行",借助毕业季这一热点引起毕业生的关注,通过讲述一个和毕业有关的故事,让毕业生参与其中,并引起更多微博用户关注与讨论。"毕业旅行"是绝大多数毕业生关注的话题,而"故事"又是大多网民感兴趣的话题,从而让微博用户参与话题、展开讨论。

时间

2018年6月9日

平台

新浪微博

（微博话题效果图1）

（微博话题效果图2）

19

3.微信H5广告

H5广告图文集文字动效、音频、图片、互动于一体，使之页面形式更加注重阅读、展示、互动、方便用户体验及用户和用户之间的分享。找到粉丝大多数为学生的博主，其与品牌的目标消费者吻合。

时间
2018年6月9日

平台
微信公众号

在微信公众号"微博搞笑排行榜"投放H5广告"一个故事换一场毕业旅行"。

（微信公众号效果图）

一个故事换一场毕业旅行

2018年6月9日

(H5效果图)

20

报名与筛选

2018年6月9日至6月30日，毕业生可以在爱华仕微信公众号进行报名，并按要求填写个人信息和上传作品。7月1日至7月15日爱华仕将选出50篇小故事，在微信公众号和官博进行投票，选取前10名获得免费冰岛之旅的资格。7月16日将在微信公众号和微博同时公布获得免费冰岛之旅的名单。

（报名信息表和作品效果图）

21

冰岛之旅

2018年8月1日至8月15日，爱华仕将带领10个毕业生来一场为期15天的特殊的毕业旅行——冰岛之旅，为他们提供爱华仕新品箱子，并在其微博进行旅程的记录，引发网友后续关注。

（微博效果图）

旅行路线

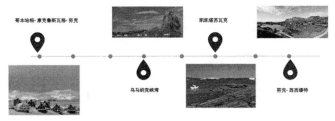

22

175

03
创意表现

1.微博漫画效果图

24

2.地铁车厢系列平面广告效果图

25

3.微博开屏广告效果图

26

179

4.微信H5广告效果图

27

5.装箱秘籍漫画

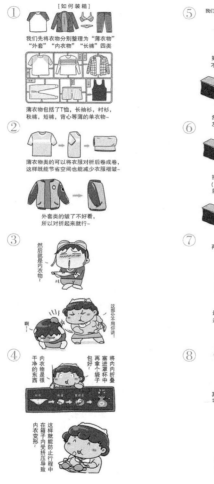

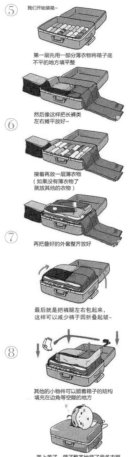

28

04
媒介选择

根据目标群体的触媒习惯及生活方式，主要选择网络及户外媒介，传递爱华仕"装够了没"的能装理念。

1.媒介策略目标

通过新浪微博话题、漫画加开屏广告宣传活动，制造舆论，吸引关注，利用微博大V转发，制造热度。户外广告则吸引线下群体关注。

2.媒介策略目标受众

以18~35岁的年轻群体为主。

30

媒介类型	媒介名称	具体方式	投放原因
网络	微信	1.装箱秘籍漫画 2.微信H5广告	1.微信与新浪微博是当下年轻群体常用的社交软件。 2.微博广告覆盖面广,传播速度快
	新浪微博	1.开屏广告 2.话题预热 3.搞笑漫画 4.大V转发	
户外	地铁厢体	地铁厢体创意广告	1.地铁站入口日均人流量大,特殊的入口广告易引起受众关注及主动传播。 2.地铁车厢内的广告较少,广告干扰度小,广告传播效果好
	地铁车厢	"装得下"系列平面广告	

31

日期 类型	2018年6月9日至8月15日			
	6月9日至 6月15日	6月16日至 6月30日	7月1日至 7月16日	7月17日至 8月15日
微博	√	√	√	√
微信	√	√	√	
地铁厢体		√	√	
地铁车厢		√	√	

32

05
费用预算

费用预算

媒介预算	
微信H5广告	25万元/条X1条=25万元
微博开屏广告	12万元/天X2天=24万元
微博话题推荐	10万元/天X6天=60万元
地铁车厢广告	30万元/周X4周=120万元
地铁厢体广告	10万元/个X10个=100万元
微博转发	
大V转发微博	10万元
广告制作费	
地铁站广告制作	0.1万元/个X10个=1万元
活动费用	
冰岛旅行	8万元/位X10位=80万元
总计	420万元

34

4. vivo 智能手机：有 V 青年

畅快宣言

谁的青春没有不快?
我们总是渴望A4腰、马甲线和八块腹肌
但总是每天晚上躺到床上之后才想要运动
我们总是渴望广交朋友把酒言欢
却总是担心找不到合适话题让人感觉无聊
我们总是渴望一场奋不顾身的恋爱
但总是害怕表白之后连朋友都做不成
我们总是渴望在青春留下自己奋斗的故事
却总是害怕失败而从来不敢真正开始
······
青春总会有不快
有V青年却能用积极的态度面对生活中的不快
青春要与不快say goodbye,年轻人就应该活得畅快
青年有V,畅快有为
从今天起我要做有V青年
翻阅策划,加入我们!

189

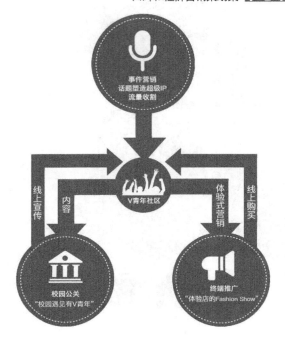

vivo V系列
口碑和社群营销策划案　内容摘要

口碑

在互联网营销被各大手机品牌玩坏的时代，消费者对传统广告有着极强的免疫力，只有不断制造新颖奇特的口碑传播内容才能吸引大学生的关注与热议。我们将使vivo的营销内容成为大学生们的社交话题。

社群

社群能够有效拉近品牌与消费者之间的距离，产品同质化严重的手机业，品牌社群已经成为重要的附加价值，通过打造V青年社区、建立vivo的移动端品牌社群。让目标消费者在真正使用vivo的产品之前，率先建立对vivo的品牌参与感。

消费者分级

核心消费者A：
种子用户（KOL）

次级消费者B：
时尚活力大学生

潜在消费者C：
全体大学生群体

核心策略

用口碑吸引尝试　用社群维持黏性

"无V
不至"
Market Analysis

有能力的创意人员，不会认为他的
工作只是做一则或一套广告，他一
定会下功夫去了解影响产品销售的
其他因素。

——李奥·贝纳

verall Market Trend
整体市场大势

智能机风口丧失，换机市场成型

2016年，智能机市场进入严重饱和状态，新增市场已经完全变成换机市场。

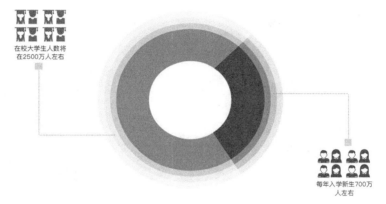

在校大学生人数将
在2500万人左右

每年入学新生700万
人左右

中高端机市场增长，国产手机提档升级

二次换机的市场现状决定了用户体验要求会更高，将拉动中高端智能手机的市场份额，这也为国产手机的提档升级带来了机会。

全渠道，尤其是线下渠道成为核心竞争力之一

电商渠道红利已经结束，线上营销成本逐步增加，互联网营销已经被各厂商玩坏，无法构成核心竞争力。消费者的认知逐渐成熟，需求更加明确，线下渠道的产品体验成为购买的重要驱动力。

价格战结束，进入品牌溢价时期

主流国产手机正在摒弃低端战略，从价格战走向价值与品牌战，调整期的阵痛在所难免。但国产手机必然走上寻求品牌溢价能力和盈利能力的突围之路。

启发

▶ 针对线下终端开展创意推广，将能快速扩大品牌的渠道优势。

▶ 不拼价格拼品牌，塑造独特的品牌形象能够提升品牌溢价。

2

vivo Brand Recognition
vivo品牌认知

品牌印象调查

音乐

时尚　活力　高端

低端　Hi-Fi　年轻

清新　视频　极致

女性　中端

乐趣　超薄　拍照

（数据来源：问卷调查）

消费者代表观点

理工科男生（大一）

分不清vivo和OPPO两个品牌

认为使用vivo手机的男生不太爷们

文史专业女生（大二）

经管专业男生（大三）

vivo华而不实，价位虚高

（数据来源：小组讨论）

20岁左右女大学生

爱音乐，爱自拍　　小文艺，小清新

青春活力，追求时尚

有一定文化内涵，但积累并不深厚

vivo Human Portra
vivo形象拟人化刻画

3

Series Product Selling Point
V系列产品卖点

v and v Max

多款屏幕尺寸可选,你的任性从来都不过分

3G运行

畅快在你指尖,青春足够快才能将烦恼甩开

指纹识别

轻松自如地解锁你的手机,支付更安全便捷

极速闪充

间接提升续航能力,缩短等待就是延长青春

启发

▶ 品牌个性不够鲜明,尤其容易与OPPO混淆

▶ 产品性能有所提升,但与市场其他手机相比,同质化问题仍然较为严重

▶ 部分消费者认为vivo品牌偏女性化,要获得更大市场份额,必须重塑形象

▶ 占据音乐、时尚、年轻的定位有利于塑造良好品牌形象,获得竞争优势

4

195

竞争对手属性系数

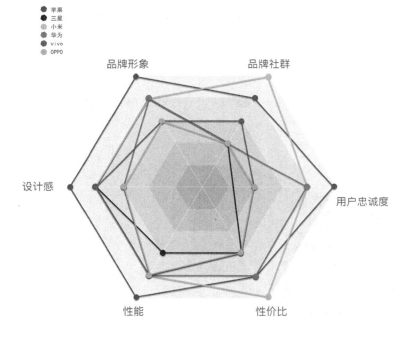

- 苹果
- 三星
- 小米
- 华为
- vivo
- OPPO

2015年手机销量前六的品牌

启发
▶ 依靠品牌形象在大学生群体中建立社群，通过社群口碑更易引爆销售
▶ 拼性价比只会造成更激烈的价格战，塑造独特的品牌形象更有易于提升盈利

在信息爆炸的时代,亚文化圈层快速崛起,当今的九零后大学生们有着怎样的偏好与主张? 我们根据调查问卷反馈的数据,看看当下大学生群体到底拥有怎样的生活方式。

A 大学生专业分布

调查显示,大学生的专业主要集中在理工、经管、文史、艺术四大类,理工类专业占比近六成。

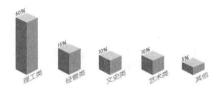

B 大学生生活费

大学生的生活费呈正态分布,近五成大学生的生活费集中在1000~1499元的档次。大学生因为经济来源有限,还是比较在意手机的性价比,花很多钱买手机就没钱出去玩了!

1000元以下	28%
1000~1499元	48%
1500~1999元	15%
2000元以上	9%

C 大学生兴趣爱好

旅行打败观影、美食,荣获大学生最喜欢的兴趣爱好。近三分之二的大学生想要去看看远方的诗和田野,约一半的大学生偏好美食,但爱运动的大学生约占四成。

D 大学生恋爱状态

虽说大学没谈恋爱是一种遗憾,但约三分之二的大学生目前仍然单身。

单身67%

恋爱中33%

E 大学生玩机方式

音乐类应用力压社交类、视频类应用成为大学生最喜欢的应用类型。如果世界太危险,只有音乐最安全。我们可以不与人沟通,但我们绝对不能没有音乐。音乐是陪伴,也是烦恼的解药。

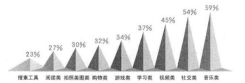

6

分析

大学生手机购买渠道

品牌官网是大学生购买手机的首选渠道，也是最受大学生信赖的渠道。大学生们偏爱便捷，如果能够送货上门，谁愿意去专卖店购买？话说回来，去专卖店体验一下产品还是极好的。

- 64% 品牌官网
- 34% 其他电商平台
- 32% 线下品牌专卖店
- 17% 通讯运营商营业厅
- 13% 线下代售点
- 他人代购

大学生媒介接触习惯

大学生生活在两个世界里，一个是校园，一个是互联网。

- ● 视频网站
- ● 社交应用
- ● 音乐应用
- ● 学习应用
- ● 户外广告牌

（数据来源：调查问卷）

大学生"小明"和"小美"的小不快

看完大学生的数据图标，也多少了解了大学生的基本生活状态，下面是我们根据"小组访谈"的结果虚拟出来的大学生"小明"和"小美"。有哪些不愉快是没有被调查问卷挖掘出来的呢？

·人际交往

大学生人际交往的问题主要是与寝友的小摩擦，例如睡觉时被室友吵醒；其次是大学生价值观更为多元化，不太容易找到与自己有共同爱好的朋友。有时还会被误解。最关键的是，大部分大学生不知道如何有效解决人际关系中的问题。

·恋爱

恋爱一直都是困扰年轻人的问题。单身同学想谈恋爱，渴望一段真感情，但自己喜欢的人不喜欢自己，或者根本就遇不到自己喜欢的人；处在恋爱中的同学最大的烦恼是双方难以进行有效的沟通，对方难以理解自己；失恋的同学要么放不下，要么不甘心，很少有人能做到说忘就忘。

·心理状态

孤单是大学的主旋律，渴望归属感，渴望告别不快，渴望有所成就。迷惘，不知道自己真正想要做什么，疲于应付学习生活中的压力，想要获得解脱却不知道该以何去做。

·学习生活

大学生活还是以学习为主。有些同学课程很多很难，忙于考试，忙于试验，压力很大。没时间做自己想做的事情，兴趣爱好要时被压制。生活中常有些小烦恼，要早起、丢东西、不知道午餐吃什么、生病、钱总是不够花……很多大学生难以做到平衡生活的方方面面。

启发 ▶ 大学生需要一个自己的社区，从入学到毕业，专属于大学生自己的社区，大学生们不反感品牌赞助，最重要的是有趣。我们用在营销活动中，可以用事件创造口碑，用社群维持黏性。

7

"V言
大义
Marketing Strategy"

除非你的策划包含有高明的点子,
否则它会像一艘夜晚航行的船那样
过去而无人知晓。
　　　　　——大卫·奥格威

产品定位　　　时尚活力的生活　有为青年的选择

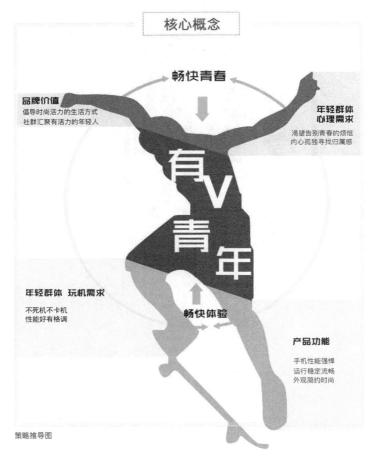

核心概念

畅快青春

品牌价值
倡导时尚活力的生活方式
社群汇聚有活力的年轻人

年轻群体
心理需求

渴望告别青春的烦恼
内心孤独寻找归属感

有V青年

年轻群体　玩机需求

不死机不卡机
性能好有格调

畅快体验

产品功能

手机性能强悍
运行稳定流畅
外观简约时尚

策略推导图

9

arketing Strategy
营销策略

核心概念诠释 SLOGAN

青年有V，畅快有为

"有V青年"

传递一种昂扬向上的青春正能量，倡导一种积极
进取的生活态度，符合当代大学生
"喜欢快努力、想要快去拼"
的价值观，更容易被青春奋发的大学生接受。
有V，有为，利用谐音与vivo V系列完美结合，
不仅一语双关便于传播和记忆，而且将
vivo"乐享极致"的品牌理念完美传达。

战略目标

| 建立vivo的品牌社区——V青年社区，更广泛地汇聚vivo V系列目标消费者 | 通过在社区内外进行口碑营销，让消费者自发传播品牌口碑，树立良好的品牌形象 | 通过各种营销努力，成为大学生进入大学后的第一款手机，成为大学生大学期间换机首选品牌 |

10

营销组合策略
Marketing Mix Strategies

成本

1. 增加品牌溢价

社群——归属感，参与感

我们购买一件产品，不仅仅为了产品的功能属性，往往还因为产品本身所带的社交属性。vivo V系列，就是自带社交属性的产品。

● 使用vivo V系列手机，能够更快帮你在人群中识别出志同道合的伙伴

● 不仅情感有共鸣，丰富有趣的社群活动让V青年的生活更加丰富多彩

2. 降低试错成本

口碑——决策心理成本，体验营销

首先利用线上社群汇聚大量的品牌拥趸，在社群内部进行产品体验、品牌个性交流，一段时间后口碑外溢到社群外的各个圈层，用口碑吸引更多目标用户关注，然后通过各种营销活动将目标消费者引导到线下体验店，亲身体验vivo的产品，降低决策成本和心理成本。

11

营销组合策略

M arketing Mix Strategies

消费者

1.大学生需求层次洞察

流畅稳定的产品体验 ▶ 时尚有趣的品牌个性 ▶ 青春甜畅淋漓的快乐

2.大学生学年情绪曲线

大学生的生活在极少时候会展露青春疯狂的一面，更多时候是平平淡淡地上课、吃饭、回宿舍。vivo不仅要在社群内制造产品的口碑，还需要用不断创造出新的社交话题，丰富大学生的日常生活。我们将根据每一学年的周期规律，做出"大学生学年情绪曲线"，合理安排社交话题，顺势而为，成就热点。

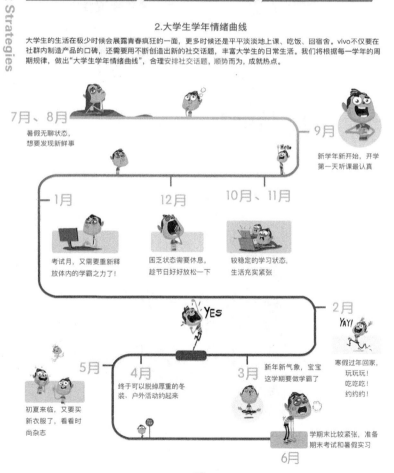

7月、8月
暑假无聊状态，想要发现新鲜事

9月
新学年新开始，开学第一天听课最认真

1月
考试月，又需要重新释放体内的学霸之力了！

12月
困乏状态需要休息，趁节日好好放松一下

10月、11月
较稳定的学习状态，生活充实紧张

YES

2月
YAY!
寒假过年回家，玩玩玩！吃吃吃！约约约！

5月
初夏来临，又要买新衣服了，看看时尚杂志

4月
终于可以脱掉厚重的冬装，户外活动约起来

3月
新年新气象，宝宝这学期要做学霸了

6月
学期末比较紧张，准备期末考试和暑假实习

12

营销组合策略
arketing Mix Strategies

便利

有V青年在你身边，畅快有为触手可及

1.线上渠道推广

通过线上多种营销活动将"有V青年"这一概念炒热，努力将其打造成一个"超级IP"，再通过超链接将以IP为中心产生的流量引导到线上购买渠道。

体验店、专卖店
33%
其他渠道
67%

品牌官网
63%
其他电商平台
（天猫、京东等）
34%

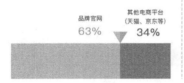

2.线下渠道推广

在"有V青年"概念推出之后，在线上购买完成之前，消费者对产品体验仍存有疑虑，在此时通过积极的营销努力将消费者引导至线下体验店进行体验，打消消费者疑虑完成购买。

3.线上渠道创新——V青年社区

V青年社区，一群青春有为的年轻人。以vivo为主题打造属于大学生的专属社区，同时也可以作为vivo的品牌社区。V青年社区，既是一个功能型社区，也是一个信息分享型社区，包含学习、生活、恋爱、玩乐四方面，从大学生入学到毕业全时段、全过程覆盖。

好强的吸引力

我要控制不住了

有V青年超级IP

流量黑洞

V青年社区

线下体验店

线上渠道

流量漏斗

13

沟通

从建立社群，到引爆口碑，vivo V系列产品力的形成将走过四个阶段。

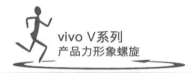

vivo V系列
产品力形象螺旋

▼ "有V青年"IP塑造

一场基于社交网络的概念推广战役将"有V青年"产品社交概念通过社交网络最广泛地传播给大学生群体。通过热点事件快速让vivo V系列被目标消费者深刻感知，并形成以"有V青年" IP为中心的大流量。

▼ V青年社区

一个属于大学生的社区App，同时也是vivo的品牌社区。对上一阶段广告战役吸引的巨大流量进行收割，引导其进入V青年社区，通过对社区进行运营和维护，完成从流量到活跃用户的转化。

▼ V青年的花样日常

在线上社群建立之后，我们通过开展"校园事件营销"为"有V青年"这一IP持续创造社交货币，同时การ线上社区向线下校园进行渗透，并且线下事件作为内容资源反哺线上话题需求打通线上线下，获得大学生爆发式的口碑增长。

▼ V Fashion Show

在线上社群、校园渠道都被打通之后，我们还需要完成促使消费者到店体验的这一环节。我们将在vivo体验店举办一场Fashion Show并通过全网直播以及后续活动以点带面，最大程度地推广vivo线下终端。完成从社群口碑到销售的闭环。

重复

14

"步步
V营
Originality and Expression

比起理性和逻辑，直觉和幻想是
今天市场及广告行业所忽略的行
销武器。
——威廉·伯恩巴克

V Youth IP Shap
"有V青年"IP塑造

第一阶段　"有V青年"IP塑造

提出"有V青年"的品牌营销概念，将有V青年打造成一个超级IP，开发衍生内容，用大IP带来大流量。

■ 视频广告《有V青年宣言》

- 大V微博转发优酷/爱奇艺/bilibili
- 2016年7月21日至9月30日

创意诠释

选取18~25岁让大学生更有亲切感，他们有着设计大神、摇滚歌手、篮球队长、科技怪咖等不同的身份，但他们又都是大学生，他们特立独行、勇于有所成就，代表着大学生中的先进力量。这部广告片将"青春正能量"和"同辈压力"一同传递，成为激励vivo V系列目标消费人群——大学生们努力奋斗的动力。用一个充满正能量的核心概念和一条充满爆发力的TVC，敲开市场，震撼目标消费者。

16

Youth IP Shape
"有V青年"IP塑造

早已厌倦温文尔雅的中庸式表达 9

渴望唤醒内心深处的狂热与躁动 10

在拖延和懒惰中庸碌青春,我不甘心 11

极致狂奔的路上决不妥协 12

不要去搜索 我是谁 13

我的传说,你也能做到 14

我是你的大学同学,就在你身边 15

我就是你有V青年 16

投放策略

市场类型	区域描述
Key	北京 / 上海
A+	广州 / 深圳 / 南京 / 成都 / 沈阳
A	重庆 / 武汉 / 长沙 / 杭州 / 天津 / 昆明 / 无锡 / 西安 / 大连 / 苏州 / 哈尔滨 / 福州 / 宁波
B	其他城市级全省

月份	市场类型	优酷（展现次数）	爱奇艺（展现次数）	共计
7月	Key	40万	40万	500万
	A+	70万	70万	
	A	70万	70万	
	B	70万	70万	
8月	Key	20万	20万	400万
	A+	60万	60万	
	A	60万	60万	
	B	60万	60万	
9月	Key	40万	40万	500万
	A+	70万	70万	
	A	70万	70万	
	B	70万	70万	
共计		1400万		

17

V Youth IP Shap
"有V青年"IP塑造

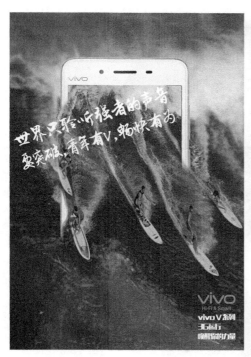

■ "vivo V系列，有V大有为"
产品卖点海报

vivo官方微博，微博大V转发

2016年7月22日

创意诠释

将vivo V系列主打的产品卖点与大学生玩机体验的痛点相结合，在《有V青年宣言》的TVC发布后的第二天，立刻趁势将产品推向消费者。

18

V Youth IP Shap
"有V青年"IP塑造

在vivo微信公众平台发布之后传播到朋友圈的超赞H5，结合大学生开学季继续热炒"有V青年"的话题。

■ "宣告世界，本宝宝正式成为有V青年！"

vivo官方微信号，微信营销大号
2016年8月31日

创意诠释
结合开学季这一契机，利用AR技术配合很燃的音乐、热血的画面，来传递"告别不快"这一主题，宣扬新学期告别一切不愉快，激励大学生唤醒自己内心的力量，成为有V青年。并在H5最后鼓励用户将链接分享到自己的朋友圈，扩大传播。

19

Youth IP Shape
"有V青年"IP塑造

■ 《大妈斗舞V青年》预告
   App开屏广告

微博大V转发、网易云音乐、有道词典、知乎日报、豆瓣小组

2016年9月15日

创意诠释

在大学生手机上较常使用的App上投放开屏广告，搞怪地混杂各地方言写成文案，吸引年轻人的兴趣，为2016年9月29日《大妈斗舞V青年》的品牌直播节目做预告。

20

211

V Youth IP Shap
"有V青年"IP塑造

■ **《大妈斗舞V青年》**
   品牌网络直播节目

⊗ 微博大V转发/bilibili/斗鱼TV
⊘ 2016年9月30日
⊙ 广州中华广场体验中心

创意诠释

当广场舞大妈和新一代小鲜肉V青年相遇，用不同的风格去演绎对方擅长的舞曲，会诞生怎样的故事？在vivo线下体验店举办这场中国舞林世纪之战，深刻洞察年轻人渴望独立、渴望向父辈母辈证明自己的心理情绪，深度结合vivo手机Hi-Fi和音乐的品牌形象，通过各个视频平台、直播平台，进行全网品牌直播，为vivo的产品和线下体验店做宣传推广，为"有V青年"这一概念再加一把火。

舞曲单

《最炫民族风》（大妈最爱）
《Bang Bang Bang》（V青年最爱）
《小苹果》（大妈的大杀器）
《Fantastic Baby》（V青年必杀绝技）
《Uptown Funk》（握手言和，共同狂欢）

比赛要求

大妈采用广场舞的风格，V青年采用街舞的风格，用不同的风格演绎同一舞曲，谁现场收获的掌声最多，谁就取得最后的胜利，获胜一方每人可以得到一部vivo V3Max手机，

21

Youth IP Shape
"有V青年"IP塑造

■ **QQ空间信息流广告**
　V青年社区App

◎ QQ空间
⦿ 2016年10月1日至10月31日

发布策略:
① 主要针对一二三线城市18~22岁的人群投放。
② 主要针对三星、华为、小米、OPPO、联想等手机用户投放。

创意诠释

前期一系列营销活动为"有V青年"做足声势，在此时顺势推出vivo的品牌社区进行流量收割。以QQ空间信息流的方式投放覆盖范围更广，且更易被目标人群接受；针对正在使用竞争对手产品的用户和处于目标年龄层的群体进行比较精准的投放，将围绕"有V青年"这个IP产生的巨大流量沉淀为vivo品牌社区的用户。

　　"有V青年"IP塑造这一战役，从2016年7月中旬到9月底围绕产品推广概念持续创造话题，保持话题和品牌热度，并通过品牌社区——V青年社区快速收割IP流量，进入营销战役第二阶段。

阶段总结

22

在手机市场完全变成换机市场后，新产品推出需要更长的时间才能被消费者接受，所以通过打造V青年社区，作为vivo V系列的品牌社区的有形载体，长久维持用户黏性。

社群原始用户来源：

①第一阶段营销推广的流量沉淀。

②作为vivo手机装机应用获得的用户。

V Youth Campu **S**
V青年社区

V青年社区
图标

■ V青年社区

● 2016年10月1日起

创意诠释

将vivo品牌社区的运营，结合大学生的日常学习／情感／玩乐／生活四大方面，以"有V有为"为运营思想，举办各种有趣味、有话题、易参与的社区活动，维护用户活跃度，提升对vivo品牌的好感度。通过视频平台、直播平台，进行全网品牌直播，为vivo的产品和线下体验店做宣传推广，为"有V青年"这一概念达到沸点再加一把火。

23

Youth Campus
V青年社区

微信H5互动游戏
■《不够快就会"死"》

V青年社区首页、vivo微信公众平台、vivo官方微博

2016年12月22日

创意诠释

迎合年底的节日氛围，深刻洞察理工科学生不想画图的心理和想要过节的情绪变动，在此游戏中，将vivo V系列手机深度植入大学生日常生活之中，使目标受众获得感情共鸣，更易游戏传播。

通过V青年社区的运营和维护，对前期话题带来的流量进行沉淀，通过主动提供价值的方式保持目标消费者对vivo的品牌黏性。

阶段总结

24

Campus Meet With V Yout
校园遇见有V青年

在V青年社区上线并进入平稳运营之后，我们还需要不断地从社区外部获取用户，让更多的大学生加入我们的社区。连续不断广告霸屏太昂贵且效果未必好，我们将举办一些校园公关活动，用创意赢得青睐。

■ 学霸打卡

📍 上海10所高校
🕐 2017年1月初

创意诠释

每年1月都是大学的考试月，"学渣们"纷纷唤醒沉默在体内的学霸之力，"有V青年"鼓励为做学霸而早起，在教学楼安置装有指纹解锁的自动贩卖机，大学生可以通过在自动贩卖机上输入指纹打卡签到，每天前两百名可以领取免费的可口可乐。既可以让消费者感受指纹识别的产品功能，还能和饮料品牌跨界营销获得品牌形象的提升，而且在自动贩卖机上显示的排行榜具有很强的社交话题性，更易传播扩散。

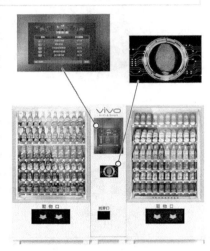

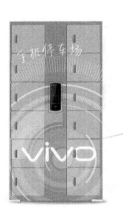

viVO
Hi-Fi and Smart
手机停车场

viVO
Hi-Fi and Smart
手机停车场

■ 手机停车场

📍 北京10所高校
🕐 2017年3月初

创意诠释

在教学楼的保安亭旁边设置储物柜，每个储物柜内部装有苹果、安卓的充电插头，可以为手机充电。大学生可以在上课之前将手机放入"手机停车场"中，防止自己上课的时候玩手机，这样既可以认真听课，下课的时候又可以拿到充满电的手机，安全感爆棚。针对大学生上课玩手机、下课手机没电的痛点，结合vivo极速闪充的卖点，用体验式营销的活动让大学生感受vivo品牌内涵，增加品牌好感度。

25

ampus Meet With V Youth
校园遇见有V青年

■ V从天降

🎬 Ⓥ

🕐 2016年3月20日

创意诠释

在前两个校园推广活动大获成功之后，"有V青年"的校园创意得到大学生的极大关注，趁势在V青年社区上发布投票页面，鼓励社区用户参与投票。充满热情的大学生为了使v赛年大创意降临自己的学校，投票页面可以分享到微信、QQ、微博等社交平台去拉票，但只有在注册V青年社区后才可或得投票资格。通过这个活动，让用户自己用行动决定活动投放的校园。这样不仅增加了用户的参与感，还能为vivo品牌社区带来更多的精准用户注册。

■ 极致狂奔

📍 V青年社区投票前十的高校
微博大V转发

🕐 2017年4月中旬

创意诠释

4月春回大地，大学生对运动的热情也逐渐升温，将"别踩白块"这款经典的手机休闲游戏，作为一个体感游戏在校园内推出，即满足大学生的感情需求，也能将手机的卖点化无形为有形，让大学生在极致奔跑中体会vivo"畅快"的品牌内涵。

在高校进行三次校园推广活动，其间还穿插一个投票环节，并且每场活动做完之后，将现场拍摄的视频发布在社交网站、V青年社区、企业官网等媒介平台进行二次传播。不断将品牌理念深入传播到大学校园，还能通过本阶段的传播推广，为vivo品牌社区获得更多新用户。

Experience Store Fashion Sho
体验店的Fashion show

第三阶段完结束之后，vivo V系列的产品卖点、vivo的品牌个性已经深入人心，vivo品牌社区对大学生这一消费群体基本覆盖。V青年社区作为一个线上终端，通过"购带"功能已经集成了购买下单的功能。将在第四阶段推广线下体验店，将线上的流量引导至线下，让更多目标消费者前来体验vivo的产品。

有V青年的Fashion Show

📍 广州中华广场体验中心
📺 斗鱼TV/bilibili
🕐 2017年5月4日

创意诠释

将vivo在广州的体验中心布置成为艺术展览厅，提升vivo的时尚格调。让模特拿着套套订制手机壳的vivo手机，在布置成艺术展厅的vivo线下体验店内走秀，同时邀请各大直播平台、自媒体人来现场直播。让更多消费者通过品牌直播的方式，感受vivo线下体验店时尚格调的同时在线上直播过程中采用"云视链"技术，让在线上观看的消费者能够即时购买。

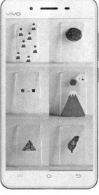

■ 属于你的Fashion Show

📍 V青年社区
📍 全国vivo线下体验店
🕐 2017年5月5日至5月25日

创意诠释

在"有V青年的Fashion Show"取得巨大关注之后，推出每个人都可以参与的活动"属于你的Fashion Show"。在vivo线下体验店的手机上装一个DIY定制手机壳的App，让消费者到vivo线下体验店操作vivo的手机定制自己的手机壳。在操作的过程中亲自体验vivo的产品两个星期之后，再次到店铺来取定制好的手机壳，为线下体验店带来第二波流量。

通过两场Fashion Show将线上流量引导至线下体验店，当消费者亲自感受过vivo的产品之后，无论他们在V青年社区里采用"购带"的方式购买，还是在品牌官网、电商平台下单，都完成了O2O的闭环。这场持续一年，炫目且富有成效的营销战役到此完美谢幕。

阶段总结

27

一个人是否写出了好广告，不应该由所谓的广告专家来评判，最有发言权的应该是客户，最重要的评定标准不是广告做得美不美，而应是对促进销售的作用大不大。

——罗瑟·瑞夫斯

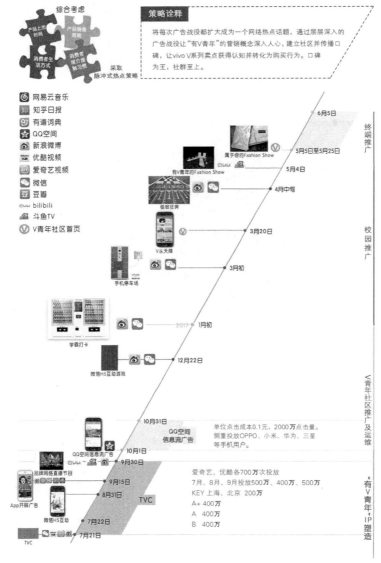

营销排期及预算

Marketing Schedule and Budget

推广阶段	推广主题	媒介	金额
有V青年IP塑造	"vivo V系列，有V大有为"产品卖点海报	vivo官方微博	0元
		微博大V转发	5万元
	"宣告世界，本宝宝正式成为有V青年"微信H5互动	H5制作	2万元
		vivo微信公众号平台	0元
	《大妈斗舞V青年》预告App开屏广告	网易云音乐	60万元
		有道词典	38万元
		知乎日报	15万元
		豆瓣小组	9万元
		微博大V转发	10万元
社区运维	《大妈斗舞V青年》品牌网络直播节目	bilibili	0元
		斗鱼TV	0元
		活动执行	30万元
		微博大V转发	10万元
	V青年社区App信息流广告	QQ空间	200万元
	V青年社区开发	开发成本	20万元
	《不够快会死》微信H5互动游戏	V青年社区首页	0元
		vivo微信公众平台	0元
		vivo官方微博	0元
	社群运营维护	人员经费	12万元
校园推广	学霸打卡	上海10所高校执行	10万元
		vivo官方微博	0元
		微博大V转发	3万元
		vivo微信公众平台	0元
	手机停车场	北京10所高校执行	10万元
		vivo官方微博	0元
		微博大V转发	3万元
		vivo微信公众平台	0元
	"V从天降"线上投票	V青年社区	0元
	极致狂奔	投票前十高校执行	15万元
		vivo官方微博	0元
		微博大V转发	3万元
		vivo微信公众平台	0元
终端推广	有V青年的Fashion Show	体验店现场执行	30万元
		bilibili	0元
		斗鱼TV	0元
	属于你的Fashion Show	全国vivo体验店执行	70万元
		V青年社区	0元
总计			**555万元**

30

后　记

大学生创新创业教育不仅关系到大学生就业，而且关系到整个国家的经济活力和未来。鼓励大学生创新创业是服务于国家加快转变经济发展方式，建设创新型国家，深入实施人才强国战略的迫切需要。

《大学生竞赛获奖者创新创业调查研究》是全国大学生广告艺术大赛组委会申报的经中国高等教育学会批准立项的重大研究项目（ZG2017001）。本项目将国内大学生竞赛与大学生创新创业结合起来，以全国大学生广告艺术大赛为例，跟踪在校期间参赛获奖的学生，调查他们步入社会后的表现。重点围绕着这些具有一定创新思想的大学生进入社会后的基本就业表现、能否将创新思想与其择（就）业结合起来、自主创业的比例、自主创业的主要因素展开调研，以提高大广赛对在校大学生创新创业能力培养等。基于此，本项目将研究的主要内容和观点建立在两个方面：一是如何将创新能力与创业能力结合起来，学校怎样改革教学计划和课程计划，以便大学生在校期间有效培养其创新能力和创业能力；二是社会应该营造怎样的环境，出台怎样的支持政策，更有利于大学生步入社会后创新创业。

南京信息工程大学邱玉琢教授在课题研究的基础上，组织团队撰写了该研究专著，并与南京财经大学乔均教授共同设计了本书的章节结构。邱玉琢教授领衔执笔了第 1 章、第 3 章、第 5 章；乔均教授执笔完成了第 2 章、第 4 章；刘瑞武教授参与了全书的章节讨论，并组织完成了全国大学生广告艺术大赛获奖者在全国不同分赛区的表格发放调研。南京财经大学营销与物流管理学院的研究生康玉兰、季瑶瑶、杨光、魏婉哲、叶近缘、赵媛媛、章欣、庄得娟参与了课题研究，并协助完成了相关研究文献的整理和综述。课题调研期间得到了大广赛组委会李勤老师、傅晓琦老师的大力协助；得到了全国大学生广告艺术大赛上海赛区金定海教授、山东赛区由磊明教授、浙江赛区胡晓芸教授、安徽赛区何红艳教授、山西赛区韩志强教授、四川赛区杨效宏教授，以及北京赛区、河北赛区、重庆赛区、河南赛区、江西赛区、湖北赛区、吉林赛区、黑龙江赛区、云南赛区等组委会大力协助；课题出版得到了南京财经大学工商管理优势学科给予的资金资助；出版发行得到了中国财富出版社有限公司的支持；另外，对于本书选取的优秀获奖作品的获奖单位、指导教师、获奖选手提供获奖作品的支持，在此一并表示感谢！

邱玉琢

2022 年 1 月

于藕香书斋